숫타니파타

불교경전 ⑯

숫타니파타
Sutta-nipāta

최초의 불전 ● 석지현 옮김

민족사

숫타니파타
차 례

첫번째. 처음의 장 — 11

1. 뱀이 묵은 허물을 벗어 버리듯 ········ 13
2. 소치는 사람 ········ 16
3. 저 광야를 가고 있는 코뿔소의 외뿔처럼 ·· 20
4. 밭가는 사람 ········ 28
5. 금속세공인, 춘다 ········ 31
6. 파 멸 ········ 33
7. 비천한 사람 ········ 37
8. 자비에 대하여 ········ 42
9. 눈덮인 산에 사는 야차 ········ 44
10. 알라바까 이야기 ········ 50
11. 승 리 ········ 54
12. 성 자 ········ 56

두번째. 작은 장 — 61

1. 보 배 …… 63
2. 불결한 음식 …… 67
3. 진실한 우정에 대하여 …… 70
4. 더없는 행복 …… 71
5. 수킬로마 야차 …… 73
6. 진리에 맞는 삶 …… 76
7. 진정한 수행자 …… 78
8. 나룻배 …… 84
9. 최상의 목적 …… 86
10. 부지런히 노력하라 …… 87
11. 나훌라여, 듣거라 …… 88
12. 수행자 반기사 …… 90
13. 구도자의 길 …… 94
14. 제자 담미까의 물음 …… 98

세번째. 큰 장 ——— 105

1. 집을 버리다(出家) ——— 107
2. 최선을 다하라 ——— 110
3. 말을 잘하는 비결 ——— 115
4. 불을 섬기는 사람, 순다리까 ——— 117
5. 젊은 마가의 물음 ——— 125
6. 방랑하는 구도자, 사비야 ——— 131
7. 브라만 셀라 이야기 ——— 141
8. 화 살 ——— 150
9. 젊은이 바세타 ——— 154
10. 비난하는 사람, 꼬칼리야 ——— 166
11. 홀로 가는 수행자, 날라까 ——— 173
12. 두 가지 고찰 ——— 182

네번째. 시(詩)의 장 ──── 197

1. 욕 망 ……………………………… 199
2. 동 굴 ……………………………… 200
3. 악 의(惡意) ……………………… 202
4. 청 정 ……………………………… 204
5. 최 상 ……………………………… 207
6. 늙 음 ……………………………… 209
7. 구도자, 티사메티야 …………… 211
8. 파수라 …………………………… 213
9. 마간디야 ………………………… 215
10. 죽음이 오기 전에 ……………… 219
11. 투 쟁 …………………………… 222
12. 문답, 그 첫째 ………………… 226
13. 문답, 그 둘째 ………………… 231
14. 빠 름 …………………………… 236
15. 무기(武器)에 대하여 ………… 240
16. 사리불 ………………………… 245

다섯번째. 피안(彼岸)의 장 ——— 251

1. 서시(序詩) ·· 253
2. 아지타의 물음 ································· 263
3. 티사메티야의 물음 ························· 265
4. 푼나까의 물음 ································· 266
5. 메타구의 물음 ································· 267
6. 도따까의 물음 ································· 270
7. 우파시바의 물음 ····························· 272
8. 난다의 물음 ····································· 274
9. 헤마까의 물음 ································· 277
10. 토데야의 물음 ······························· 279
11. 깝빠의 물음 ··································· 280
12. 가투깐니의 물음 ··························· 281
13. 바드라부다의 물음 ······················· 282
14. 우다야의 물음 ······························· 284
15. 포살라의 물음 ······························· 285

16. 모가라쟈의 물음 ·················· 286
17. 핑기야의 물음 ·················· 287
18. 물음에 대한 총정리 ·················· 289

숫타니파타 역주(註) ─────── 295
숫타니파타 해설 ─────── 313

이 모든 곳에 영원히 살아계시는 이,
깨달으신 그분께 경배하나이다.

첫번째

처음의 장

첫번째 처음의 장 [1)]

1. 뱀이 묵은 허물을 벗어 버리듯

1. 뱀의 독이 몸에 퍼지는 것을 약으로 다스리듯
   분노가 일어나는 것을 제압하는 사람은
   이 언덕과 저 언덕[2)]을 모두 떠난다.
   뱀이 묵은 허물을 벗어 버리듯.

2. 저 연못에 들어가 연꽃을 꺾듯
   애욕을 완전히 끊어 버린 사람은
   이 언덕과 저 언덕을 모두 떠난다.
   뱀이 묵은 허물을 벗어 버리듯.

3. 굽이쳐 흐르는 이 욕망의 물살을
   남김없이 모두 말려 버린 사람은
   이 언덕과 저 언덕을 모두 떠난다.
   뱀이 묵은 허물을 벗어 버리듯.

4. 저 홍수가 부실한 다리를 무너뜨리듯
   이 모든 교만을 부숴 버린 사람은

이 언덕과 저 언덕을 모두 떠난다.
　뱀이 묵은 허물을 벗어 버리듯.

5. 무화과 나무 숲속에서 꽃을 찾아도 없는 것같이
　이 모든 존재 속에서 그 불변성을 발견할 수 없는[3] 사람은
　이 언덕과 저 언덕을 모두 떠난다.
　뱀이 묵은 허물을 벗어 버리듯.

6. 안으로는 미워하는 마음이 없고
　이 세상의 부귀영화에 전혀 흔들리지 않는 사람은
　이 언덕과 저 언덕을 모두 떠난다.
　뱀이 묵은 허물을 벗어 버리듯.

7. 잡념을 남김없이 불살라 버려
　그 마음이 잘 정돈된 사람은
　이 언덕과 저 언덕을 모두 떠난다.
　뱀이 묵은 허물을 벗어 버리듯.

8. 너무 빨리 가거나 게으름 피우는 일 없이
　이 모든 잡념의 숲을 지나가 버린 사람은
　이 언덕과 저 언덕을 모두 떠난다.
　뱀이 묵은 허물을 벗어 버리듯.

9. 너무 빨리 가거나 게으름 피우는 일 없이
　이 세상은 덧없다고 이미 알아 버린 사람은
　이 언덕과 저 언덕을 모두 떠난다.

숫타니파타

뱀이 묵은 허물을 벗어 버리듯.

10. 너무 빨리 가거나 게으름 피우는 일 없이
    이 모든 것이 덧없음을 알아서 탐욕을 떠난 사람은
    이 언덕과 저 언덕을 모두 떠난다.
    뱀이 묵은 허물을 벗어 버리듯.

11. 너무 빨리 가거나 게으름 피우는 일 없이
    이 모든 것이 덧없음을 알아서 애욕을 떠난 사람은
    이 언덕과 저 언덕을 모두 떠난다.
    뱀이 묵은 허물을 벗어 버리듯.

12. 너무 빨리 가거나 게으름 피우는 일 없이
    이 모든 것이 덧없음을 알아서 증오심을 버린 사람은
    이 언덕과 저 언덕을 모두 떠난다.
    뱀이 묵은 허물을 벗어 버리듯.

13. 너무 빨리 가거나 게으름 피우는 일 없이
    이 모든 것이 덧없음을 알아서
    어리석은 이 집착으로부터 떠난 사람은
    이 언덕과 저 언덕을 모두 떠난다.
    뱀이 묵은 허물을 벗어 버리듯.

14. 악한 습성이 조금도 남아 있지 않아
    악의 뿌리를 송두리째 뽑아 버린 사람은
    이 언덕과 저 언덕을 모두 떠난다.

처음의 장

뱀이 묵은 허물을 벗어 버리듯.

15. 생사윤회의 근거가 되는
어떠한 찌꺼기도 없는 사람은
이 언덕과 저 언덕을 모두 떠난다.
뱀이 묵은 허물을 벗어 버리듯.

16. 미한 이 생존의 원인이 되는
어떠한 집착도 없는 사람은
이 언덕과 저 언덕을 모두 떠난다.
뱀이 묵은 허물을 벗어 버리듯.

17. 다섯 개의 장애물[4]로부터 떠난 사람,
고뇌와 고통으로부터 해방된 사람,
그리고 이 모든 의심을 극복한 사람은
이 언덕과 저 언덕을 모두 떠난다.
뱀이 묵은 허물을 벗어 버리듯.

2. 소치는 사람

18. 소치는 사람 다니야가 말했다 :
밥도 이미 다 지었고 우유도 짜 놓았다.
마히 강(큰 강) 언덕 부근에서 나는 내 가족과 함께 살고 있다.
지붕도 이었고, 불도 이미 지펴 놓았다.
하늘이여, 비를 내리고 싶거든 내려라.

19. 스승(부처)이 답했다 :
   나는 분노와 고집으로부터 해방되었다.
   마히 강 언덕 부근에서 나는 하룻밤 길손이 되었다.
   나의 조그만 집(몸)은 잇지 않았고, 욕정의 불은 이미 꺼졌다.
   하늘이여, 비를 내리고 싶거든 내려라.

20. 소치는 사람 다니야가 말했다 :
   모기도 없고, 파리도 전혀 없으며,
   풀이 무성한 들녘에서는 소들만 한가로이 노닐고 있다.
   비가 내려도 그들은 능히 참고 견딜 수 있으니
   하늘이여, 비를 내리고 싶거든 내려라.

21. 스승이 답했다 :
   내 뗏목은 잘 만들어졌다.
   욕망의 급류를 지나 나는 이미
   저 니르바나(열반)의 언덕에 이르렀다.
   그러므로 뗏목은 더 이상 필요치 않으니
   하늘이여, 비를 내리고 싶거든 내려라.

22. 소치는 사람 다니야가 말했다 :
   내 아내는 겸손하며 허영심이 없다.
   오랫동안 같이 살아왔지만 한번도 내 뜻을 거스르지 않았다.
   아내에게는 어떤 나쁜 소문도 들리지 않으니
   하늘이여, 비를 내리고 싶거든 내려라.

23. 스승이 답했다 :

처음의 장

내 마음은 겸손하며 탐욕(貪)이 없다.
오랫동안 갈고 닦았으므로 아주 잘 정돈되었다.
나에게는 이제 어떤 악도 존재하지 않는다.
하늘이여, 비를 내리고 싶거든 내려라.

24. 소치는 사람 다니야가 말했다 :
나는 나 자신의 노력으로 살아가고 있다.
자식들은 모두 나와 함께 건강하게 자라고 있다.
그들에 관한 어떤 나쁜 소문도 들리지 않으니
하늘이여, 비를 내리고 싶거든 내려라.

25. 스승이 답했다 :
나는 결코 하인을 고용하지 않는다.
나는 나 자신이 얻은 것만으로 넉넉히 이 세상을 방랑한다.
나는 또 어느 누구에게도 고용될 필요가 없으니
하늘이여, 비를 내리고 싶거든 내려라.

26. 소치는 사람 다니야가 말했다 :
나에게는 갓 태어난 송아지도 있고,
젖을 짤 수 있는 암소도 있다.
새끼 밴 암소도 있고, 발정기에 접어든 암소도 있다.
그리고 이 모든 소들의 대장인 황소도 있으니
하늘이여, 비를 내리고 싶거든 내려라.

27. 스승이 답했다 :
나에게는 송아지도 없고, 젖을 짤 수 있는 암소도 없다.

새끼 밴 암소도 없고, 발정기에 접어든 암소도 없다.
그리고 이 모든 소들의 대장인 황소도 없으니
하늘이여, 비를 내리고 싶거든 내려라.

28. 소치는 사람 다니야가 말했다 :
말뚝은 깊게 박혀 흔들리지 않는다.
고삐줄은 튼튼해서 소가 능히 이를 끊지 못하니
하늘이여, 비를 내리고 싶거든 내려라.

29. 스승이 답했다 :
성난 황소와 같이 나는 고삐줄을 끊는다.
냄새나는 덩굴풀을 코끼리처럼 짓밟으며
나는 두 번 다시 인간의 모태 속으로
들어가지 않을 것이다.
하늘이여, 비를 내리고 싶거든 내려라.

30. 그때 갑자기 큰 비가 내려 땅과 바다는 모두 물에 잠겼다.
하늘이 비를 내리는 것을 보고 다니야는 말했다.

31. 다니야 :
우리는 당신에게서 참으로 많은 것을 배웠습니다.
지혜의 눈을 가지신 이여,
우리는 당신에게 귀의합니다.

32. 아내와 나는 당신에게 귀의합니다.
우리가 만일 당신 곁에서 성스러운 생활을 할 수 있다면

처음의 장

우리는 능히 삶과 죽음을 정복할 것이며
이 고통으로부터 길이 벗어날 수 있을 것입니다.

33. 이때 마라(악마)는 이렇게 말했다 :
자녀가 있는 사람은 자녀에 대해서 기뻐하고
소를 가진 사람은 소가 있는 것을 기뻐한다.
이런 물질적인 집착이야말로 인간의 기쁨이 아닐 수 없다.
그러나 이런 것이 없는 사람에게는 기쁨도 있을 수 없다.

34. 스승이 답했다 :
자녀를 가진 사람은 자녀 때문에 걱정하고,
소를 가진 사람은 소 때문에 걱정한다.
인간의 근심 걱정은 이런 집착하는 마음에서 비롯되나니
집착심이 없는 사람에게는 근심도 걱정도 있을 수 없다.

3. 저 광야를 가고 있는 코뿔소의 외뿔처럼

35. 살아 있는 것들에게 폭력을 쓰지 말라.
살아 있는 것들을 괴롭히지 말라.
너무 많은 자녀와 친구를 갖고자 하지도 말고,
저 광야를 가고 있는 코뿔소의 외뿔처럼 혼자 가거라.

36. 사귐이 깊어지면 애정이 싹트고
사랑이 있으면 거기 고통의 그림자가 따르나니
사랑으로부터 불행이 시작되는 것을 깊이 관찰하고

숫타니파타

저 광야를 가고 있는 코뿔소의 외뿔처럼 혼자 가거라.

37. 친구나 주위 사람들을 너무 좋아하여
    마음이 그들에게 얽히게 되면
    자신이 목적한 바를 이룰 수 없다.
    〈친함〉에는 이런 부작용이 있다는 것을 관찰하고
    저 광야를 가고 있는 코뿔소의 외뿔처럼 혼자 가거라.

38. 자녀니 아내(또는 남편)에 대하여 애착하는 것은
    큰 대나무 가지들이 서로 뒤얽혀 있는 것과 같다.
    그러나 죽순은 다른 가지에 달라붙지 않듯이
    저 광야를 가고 있는 코뿔소의 외뿔처럼 혼자 가거라.

39. 숲속에서 자유로운 사슴이 먹이를 구하러 가듯
    지혜로운 이는 그 자신의 길만을 생각하면서
    저 광야를 가고 있는 코뿔소의 외뿔처럼 혼자 가거라.

40. 동료들 속에 있으면
    앉을 때나 설 때나 걸을 때나 여행할 때조차
    항상 지나치게 간섭을 받게 된다.
    그러나 욕망으로부터 벗어나 그 자신의 뜻을 따라
    저 광야를 가고 있는 코뿔소의 외뿔처럼 혼자 가거라.

41. 동료들 속에 있으면 거기 유희와 환락이 있다.
    또 자녀에 대한 애정은 깊어만 간다.
    그러나 사랑하는 사람들과의 이별이 싫거든

처음의 장

저 광야를 가고 있는 코뿔소의 외뿔처럼 혼자 가거라.

42. 어느 곳이든 가고 싶은 대로 가거라.
해치려는 마음은 갖지 말고
무엇을 얻든 그것으로 만족해 하라.
이 모든 고난을 묵묵히 참고 견디며 조금도 두려워하지 말고
저 광야를 가고 있는 코뿔소의 외뿔처럼 혼자 가거라.

43. 집을 떠난 수행자나 이 세상에 사는 사람 중에
지나치게 불만이 많은 사람들이 있다.
그러나 남의 자녀에 대하여 지나친 관심을 갖지 말고
저 광야를 가고 있는 코뿔소의 외뿔처럼 혼자 가거라.

44. 잎이 다 져버린 저 나무와 같이
세속의 속박을 미련없이 잘라 버리고
저 광야를 가고 있는 코뿔소의 외뿔처럼 혼자 가거라.

45. 현명하고 올바른 벗들을 만난다면
이 모든 위험에서 벗어날 수 있을 것이다.
그러므로 편안하고 넉넉한 마음으로
그들과 무리지어 함께 가거라.

46. 그러나 현명하고 올바른 벗들을 만나지 못하면
왕이 정복했던 나라를 버리고 돌아가듯
저 광야를 가고 있는 코뿔소의 외뿔처럼 혼자 가거라.

47. 친구를 얻은 것은 기쁜 일이니

나보다 나은 이나 나와 동등한 벗을 가까이하라.
그러나 이런 벗을 만나지 못했다면
차라리 제 분수나 지키면서
저 광야를 가고 있는 코뿔소의 외뿔처럼 혼자 가거라.

48. 잘 빚어낸 두 개의 황금 팔찌를 한 팔에 끼게 되면
서로 부딪쳐 소리를 낸다.[5]
서로 부딪는 이 황금 팔찌를 보고
저 광야를 가고 있는 코뿔소의 외뿔처럼 혼자 가거라.

49. 이같이 두 사람이 같이 있게 되면
자연히 거기 말싸움과 다툼이 있게 된다.
장래에는 이런 일이 있다는 것을 미리 생각하고
저 광야를 가고 있는 코뿔소의 외뿔처럼 혼자 가거라.

50. 감각적인 기쁨이란 실로 다양하며 감미롭고 매혹적이다.
그러나 이 기쁨은 우리의 마음을 어지럽게 하나니
욕망의 대상에는 이런 불행이 있음을 잘 관찰하고
저 광야를 가고 있는 코뿔소의 외뿔처럼 혼자 가거라.

51. 이것은 나에게 있어서 재앙이며, 불행이며,
병이며, 극심한 고통이며, 하나의 위험이다.
이 모든 욕망의 대상에는 이런 위험이 있다는 것을 알고
서 광야를 가고 있는 코뿔소의 외뿔처럼 혼자 가거라.

52. 추위와 더위, 굶주림과 목마름,

처음의 장

그리고 바람과 태양의 열기, 모기떼와 독사들,
이런 것들을 능히 참고 견디며
저 광야를 가고 있는 코뿔소의 외뿔처럼 혼자 가거라.

53. 힘이 센 코끼리가
무리를 떠나 숲속에서 한가로이 노닐듯
저 광야를 가고 있는 코뿔소의 외뿔처럼 혼자 가거라.

54. 모임만을 너무 좋아하는 사람에게는
잠시도 영혼의 휴식에 이를 겨를이 없다.
태양의 후예(부처)가 하신 이 말씀을 명심하고
저 광야를 가고 있는 코뿔소의 외뿔처럼 혼자 가거라.

55. 「저 논쟁의 차원인 철학적 견해를 극복하고
나는 깨달음에 이를 수 있는 확신을 얻었다.
나는 지혜를 얻었다.
다시는 누구에게도 끌려가지 않을 것이다.」
수행자는 이렇게 그 자신을 다지면서
저 광야를 가고 있는 코뿔소의 외뿔처럼 혼자 가거라.

56. 탐내지 말라. 속이지 말라.
그리고 조금도 조급해 하지 말라.
이 혼탁과 미망을 남김없이 씻어 버리고
이 세상의 모든 욕망으로부터 벗어나서
저 광야를 가고 있는 코뿔소의 외뿔처럼 혼자 가거라.

57. 의롭지 못한 것을 보고도 못 본 체하는
그런 나쁜 벗과는 아예 가까이 말라.
감각적인 쾌락에만 탐닉해 있는 그런 벗과도 가까이하지 말고
저 광야를 가고 있는 코뿔소의 외뿔처럼 혼자 가거라.

58. 지성적이며 진리에 귀를 기울이는
그런 고상한 벗을 가까이하라.
이는 여러 가지로 이익이 되나니 모든 의심을 잘라 버리고
저 광야를 가고 있는 코뿔소의 외뿔처럼 혼자 가거라.

59. 이 세상의 쾌락에만 취하여 거기 안주해 있지 말고
그 마음이 어디에도 붙잡히는 일 없이
지나친 치장은 삼가고 진실만을 말하면서
저 광야를 가고 있는 코뿔소의 외뿔처럼 혼자 가거라.

60. 아내(또는 남편)와 자식,
그리고 부모도, 친척마저도, 재산마저도
이 모든 것에 대한 집착마저도 모두 버리고
저 광야를 가고 있는 코뿔소의 외뿔처럼 혼자 가거라.

61. 「이것은 집착이다. 여기는 즐거움은 적고 고뇌가 많다.
이것은 고기를 낚는 낚시밥이다.」
지혜로운 이는 이렇게 알고
저 광야를 가고 있는 코뿔소의 외뿔처럼 혼자 가거라.

62. 물속의 고기가 그물을 뚫고 나오듯

불이 다 타버린 재는 다시 불붙지 않듯
이 모든 번뇌의 결박을 끊어 버리고
저 광야를 가고 있는 코뿔소의 외뿔처럼 혼자 가거라.

63. 눈은 언제나 밑을 보며 조금도 곁눈질하지 말고
이 모든 감각의 문을 굳게 지켜야 한다.
마음을 잘 보호하여 번뇌의 흙탕물을 일게 하지 말 것이며
욕망의 불이 더 이상 타오르지 못하게
저 광야를 가고 있는 코뿔소의 외뿔처럼 혼자 가거라.

64. 잎이 다 져버린 저 나무처럼 세속의 표지를 모두 떼어 버리고
집을 떠나 남루한 구도자의 옷을 입은 채
저 광야를 가고 있는 코뿔소의 외뿔처럼 혼자 가거라.

65. 맛좋은 음식만을 탐하지 말고
굳이 좋아하는 것만을 골라 취하려 하지도 말라.
다른 사람을 부양할 의무조차도 필요없으니
문전마다 밥을 빌며 거주처에 대한 애착을 끊어 버리고
저 광야를 가고 있는 코뿔소의 외뿔처럼 혼자 가거라.

66. 마음을 다섯 개의 장애물[6]로부터 떠나게 하라.
뭇 죄악을 쫓아 버리고 어떤 것에도 의지하려 하지 말라.
이 모든 욕망의 가시덤불을 잘라 버리고
저 광야를 가고 있는 코뿔소의 외뿔처럼 혼자 가거라.

67. 쾌락과 고통을 버려라. 기쁨과 근심도 버려라.

그리고 맑고 편안하고 순수한 마음만으로
저 광야를 가고 있는 코뿔소의 외뿔처럼 혼자 가거라.

68. 최고의 목적을 달성하기 위해 노력하라.
조금도 겁내지 말고 부지런히 나아가라.
체력과 지혜를 두루 갖추며
저 광야를 가고 있는 코뿔소의 외뿔처럼 혼자 가거라.

69. 때때로 홀로 앉아 명상을 하며
이 모든 것을 이치에 맞게 행하라.
생존 속에는 근심이 있다는 것을 분명히 알고
저 광야를 가고 있는 코뿔소의 외뿔처럼 혼자 가거라.

70. 니르바나, 저 언덕을 향하여
게으름을 피우지 말고 민첩하게 나아가라.
부지런히 배우며, 마음을 가다듬고
진리를 깨닫고자 노력하면서
저 광야를 가고 있는 코뿔소의 외뿔처럼 혼자 가거라.

71. 큰 소리에도 놀라지 않는 사자와 같이
그물에 걸리지 않는 바람과 같이
물에 젖지 않는 연꽃과 같이
저 광야를 가고 있는 코뿔소의 외뿔처럼 혼자 가거라.

72. 이빨이 강한 사자가 뭇 짐승을 제압하고
능히 정글의 왕으로 군림하듯

처음의 장

궁핍하고 외딴 곳에 거처를 마련하고
저 광야를 가고 있는 코뿔소의 외뿔처럼 혼자 가거라.

73. 사랑과 연민, 기쁨과 평정과 해탈[7]을 때때로 익히고
이 세상을 아주 등져 버리는 일도 없이
저 광야를 가고 있는 코뿔소의 외뿔처럼 혼자 가거라.

74. 탐욕과 증오와 어리석음,
그리고 뒤얽힌 번뇌의 매듭을 끊어 버려라.
목숨을 잃더라도 절대로 두려워하지 말고
저 광야를 가고 있는 코뿔소의 외뿔처럼 혼자 가거라.

75. 사람들은 자기의 이익을 위해서 남을 사귀며 남을 돕는다.
또 이익관계를 떠나서 친구를 얻기란 참 어렵다.
인간이란 원래 자기 이익만을 생각하며
그렇게 순수하지도 않다는 것을 알고
저 광야를 가고 있는 코뿔소의 외뿔처럼 혼자 가거라.

4. 밭가는 사람

나는 이렇게 들었다(如是我聞).[8]
어느때 스승은 마가다국(지금의 인도 라즈기르)의 남쪽 산기슭에 있는 한 마을에 계셨다. 그때 브라만이며 밭가는 사람 바라드바자는 씨를 뿌리려고 오백 개의 쟁기를 소에 매었다. 그때 스승은 아침밥을 얻기 위하여 이른 아침 밥그릇을 들고 밭가는 사람

바라드바쟈가 일하고 있는 곳으로 갔다. 그런데 마침 그때 바라드바쟈는 일꾼들에게 음식을 나눠주고 있었다. 스승도 음식을 나눠주는 곳에 가서 곁에 섰다. 바라드바쟈는 스승이 음식을 얻기 위해 밥그릇을 들고 거기 서 있는 것을 보았다. 바라드바쟈는 이렇게 말했다. 「수행자(samana)[9]여, 우리는 밭을 갈고 씨를 뿌린다. 밭을 갈고 씨를 뿌린 후에 먹는다. 그대도 우리처럼 밭을 갈고 씨를 뿌려라. 밭을 갈고 씨를 뿌린 뒤에 먹어라.」

스승 : 바라드바쟈여, 나 또한 밭을 갈고 씨를 뿌린다. 밭을 갈고 씨를 뿌린 후에 먹는다.

바라드바쟈 : 그러나 나는 그대의 멍에도, 쟁기도, 소도 볼 수가 없구나. 그런데 그대는 밭을 갈고 씨를 뿌린다고 말하고 있다.

바라드바쟈는 다음과 같이 말했다.

76. 바라드바쟈 :
수행자여, 그대는 농부라고 자처하고 있다.
그러나 우리는 그대가 밭가는 것을 보지 못했나니,
당신이 밭을 갈고 있다는 것을
우리가 납득할 수 있도록 해봐라.[10]

77. 스승은 이렇게 답했다 :
나에게는 신앙이 씨앗이요, 고행이 비다.
그리고 지혜가 나의 멍에며 쟁기요,
잘못을 반성하는 마음이 그 쟁기의 자루다.
그리고 곧은 마음은 쟁기를 매는 밧줄이요,
매사에 생각이 깊은 것은 쟁기의 보습이다.

처음의 장

78. 몸을 삼가고, 말을 삼가고, 음식을 절제하는 것,
  그리고 말없이 진실을 지켜가는 것,
  이것이 나에게 있어서는 소를 멍에에서 떼어 놓는 일이다.

79. 〈노력하는 것〉이 나의 〈멍에를 맨 소〉며,
  이 소가 마침내는 니르바나의 저 언덕으로 나를 데리고 간다.
  물러서지 않고 굳게 나아가서
  니르바나, 저 언덕에 이르게 되면
  아, 아, 근심과 걱정은 더 이상 없게 된다.

80. 나는 이런 농사를 지어서
  마침내는 저 불멸의 과일을 열매 맺게 하나니
  나처럼 농사를 짓게 되면
  그대도 이 모든 고뇌로부터 해방되리니…

  그때 바라드바쟈는 놋쇠그릇에 우유죽을 담아서 스승에게 주었다. 그리고는 이렇게 말했다.「수행자여, 자, 이 우유죽을 받으라. 당신이야말로 훌륭한 농부다. 저 불멸의 과일을 열리게 하는 농부다.」

81. 그러나 스승은 바라드바쟈에게 이렇게 말했다 :
  시를 읊은 그 대가로 얻은 음식을 나는 먹지 않겠다.
  오, 바라드바쟈여, 이것은 진리에 어긋나는 것이다.
  시를 읊은 그 대가로 얻은 음식을 거절하는 것은
  모든 깨달은 이들의 생활태도다.

82. 완벽한 사람, 위대한 성자, 번뇌의 오염을 다 제거하여
    악한 행위를 뿌리째 뽑아버린 사람에게는
    다른 음식을 바쳐야 한다.
    이는 좋은 일(功德)을 하려는 사람에게
    더없는 기회이기 때문이다.

5. 금속세공인, 춘다 [11)]

83. 금속세공인 춘다가 말했다 :
    스승이여, 욕망에서 해방된 사람, 최고의 인간,
    가장 위대한 인도자인 당신에게 묻습니다.
    이 세상에는 몇 종류의 수행자들이 있습니까?

84. 스승의 답 :
    춘다여, 이 세상에는 네 종류의 수행자가 있나니
    첫째 〈진리의 승리자〉,
    둘째 〈진리를 말하는 자〉,
    셋째 〈진리대로 사는 자〉,
    넷째 〈진리를 더럽히는 자〉가 그것이다.

85. 춘다는 말했다 :
    누구를 〈진리의 승리자〉라 합니까?
    〈진리를 배워 깨달은 사람〉, 〈진리를 말하는 자〉는
    어째서 누구에게도 견줄 수 없습니까?

〈진리대로 사는 법〉을 가르쳐 주십시오.
그리고 〈진리를 더럽히는 자〉에 대해서도 말해 주십시오.

86. 스승 :
의심을 넘어간 사람, 고통을 극복한 사람,
그리고 니르바나의 즐거움 속에서
이 모든 탐욕으로부터 벗어난 사람,
인간과 신들(demigods)의 지도자
―이런 사람들을 〈진리의 승리자〉라 한다.

87. 진리를 진리로 알고 자신있게 진리를 말하는 사람,
의심을 끊어 욕망의 물결이 일지 않는 사람,
―이런 사람을 〈진리를 말하는 자〉라 한다.

88. 진리 속에 살며 절제력이 있고 생각이 깊은 사람,
올바른 말을 믿고 따르는 사람,
―이런 사람을 〈진리대로 사는 자〉라 한다.

89. 계율을 잘 지키는 체하면서 뻔뻔스럽고 거만하며
거짓말을 곧잘 하고 자제력이 없고 말이 많으며
게다가 지혜로운 체하는 사람,
―이런 사람을 〈진리를 더럽히는 자〉라 한다.

90. 이 네 종류의 수행자에 관한 이야기를 듣고
지혜로운 사람은 분명히 간파하게 될 것이다.
그러나 이 네 종류의 수행자가 있음을 알더라도

숫타니파타

그들의 신앙심은 결코 흔들리지 않을 것이다.
오염된 자와 오염되지 않은 자,
깨끗한 자와 깨끗지 못한 수행자를
도대체 어떻게 동등하게 볼 수 있겠는가.[12]

6. 파 멸

나는 이렇게 들었다.
－어느때 스승은 사위성 기원정사[13]에 머무르셨다. 어느날 자정이 지날 무렵 아름다운 신[14]이 나타났다. 신은 기원정사의 뜰 전체를 비추며 스승에게 다가왔다. 다가와서 스승에게 절한 다음 스승의 곁에 서서 이렇게 물었다.

91. 스승이여, 우리는 그대에게 묻노니
    파멸한 사람은 누구이며, 무엇이 파멸의 문인가.

92. 스승의 답 :
    번영하는 사람은 알아보기 쉽고,
    파멸하는 사람도 알아보기 쉽다.
    진리를 사랑하는 사람은 번영하고,
    진리를 싫어하는 사람은 멸망한다.

93. 아, 아, 그런가. 그것이 첫번째 파멸의 문인가.
    그렇다면 두번째 파멸의 문은 무엇인가.

처음의 장

94. 악한 사람을 좋아하고, 착한 이를 싫어하는 것,
그리고 악한 버릇을 즐겨하는 것,
이것이 파멸의 문이다.

95. 아, 아, 그런가. 그것이 두번째 파멸의 문인가.
그렇다면 세번째 파멸의 문은 무엇인가.

96. 모임이라면 어디든 안 끼는 데가 없고,
늘 맥이 없고 게으르며 걸핏하면 화만 내는 사람,
이것이 파멸의 문이다.

97. 아, 아, 그런가. 그것이 세번째 파멸의 문인가.
그렇다면 네번째 파멸의 문은 무엇인가.

98. 자기 자신은 풍족하고 즐겁게 살면서
늙은 부모를 모시지 않으려는 사람이 있다.
이것이 파멸의 문이다.

99. 아, 아, 그런가. 그것이 네번째 파멸의 문인가.
그렇다면 다섯번째 파멸의 문은 무엇인가.

100. 수행자들이나 여타의 사람들에게
거짓말을 하여 속이기를 일삼는다면
이것이 파멸의 문이다.

101. 아, 아, 그런가. 그것이 다섯번째 파멸의 문인가.
그렇다면 여섯번째 파멸의 문은 무엇인가.

숫타니파타

102. 재물이 엄청나게 많은 사람이
  자기 자신의 부귀영화만을 누리기 위해서
  그것들을 사용한다면
  이것은 분명 파멸의 문이다.

103. 아, 아, 그런가. 그것이 여섯번째 파멸의 문인가.
  그렇다면 일곱번째 파멸의 문은 무엇인가.

104. 가문과 재산을 자랑하면서
  자기 가족이나 친지들을 경멸하는 사람이 있다.
  이것은 파멸의 문이다.

105. 아, 아, 그런가. 그것이 일곱번째 파멸의 문인가.
  그렇다면 여덟번째 파멸의 문은 무엇인가.

106. 여자에 빠지고, 술에 빠지고, 놀음에 미쳐서
  겨우 모은 재산을 깡그리 날려 버리는 사람이 있다.
  이것은 파멸의 문이다.

107. 아, 아, 그런가. 그것이 여덟번째 파멸의 문인가.
  그렇다면 아홉번째 파멸의 문은 무엇인가.

108. 자기 아내에게 만족하지 않고,
  창녀 또는 남의 아내와 분별없이 놀아나는 것,
  이것은 파멸의 문이다.

109. 아, 아, 그런가. 그것이 아홉번째 파멸의 문인가.

처음의 장

그렇다면 열번째 파멸의 문은 무엇인가.

110. 늙은 사내가 유방이 팽팽한 젊은 여자에게 미쳐
그녀에 대한 생각 때문에 도시 잠을 자지 못하는 것,
이것은 파멸의 문이다.

111. 아, 아, 그런가. 그것이 열번째 파멸의 문인가.
그렇다면 열한번째 파멸의 문은 무엇인가.

112. 술과 고기를 분별없이 먹으며,
재산을 마구 낭비하는 여자,
또는 이런 사내에게 재정권을 맡긴다면
이것은 파멸의 문이다.

113. 아, 아, 그런가. 그것이 열한번째 파멸의 문인가.
그렇다면 열두번째 파멸의 문은 무엇인가.

114. 쥐뿔도 없는 주제에 욕심만 커서
일확천금을 노리며 두 눈에 쌍불을 켠다면
이것은 파멸의 문이다.

115. 이 세상에는 이런 파멸의 문이 있다는 것을 깊이 자각한
저 현명하고 위대한 사람들은
진리의 길에서 차라리 행복한 삶을 찾으려 한다.

7. 비천한 사람

나는 이렇게 들었다.

어느때 스승은 사위성에 머무르셨다. 그때 그는 옷을 간추린 다음 밥그릇을 들고 아침밥을 얻기 위해 사위성으로 들어갔다. 마침 불을 섬기는 브라만 바라드바쟈의 집에서는 번제의 불길이 타오르며 신에게 바칠 번제물이 마련돼 있었다. 그는 사위성 안을 두루 탁발하여 바라드바쟈의 집 가까이 왔다. 바라드바쟈는 그가 멀리로부터 가까이 오는 것을 봤다. 바라드바쟈는 그에게 말했다. 「거기 서 있거라. 이 초라한 놈아, 더 이상 오지 말고 거기 서 있거라. 이 비천한 놈아, 거기 서 있거라.」[15]

이 말을 듣고 스승은 말했다.

「바라드바쟈여, 과연 누가 비천한 사람이며, 또 사람이 비천하게 되는 조건을 알고 있는가?」

바라드바쟈 : 수행자여, 나는 과연 누가 비천한 사람이며, 사람이 비천하게 되는 그 조건을 잘 알지 못하네. 나로 하여금 이를 분명히 알도록 일러 주게.

스승 : 자, 브라만이여,
지금부터 내 말을 주의깊게 들어주기 바란다.

116. 분노와 증오심이 많고 사악하고 위선적이며
그릇된 견해를 고집하고 권모술수를 일삼는 사람,
이런 자를 일컬어 〈비천한 사람〉이라 한다.

처음의 장

117. 살아 있는 생명을 함부로 해치며
　　　살아 있는 생명체에 대하여 연민의 마음이 없는 사람,
　　　이런 사람을 일컬어 〈비천한 사람〉이라 한다.

118. 도시나 마을을 포위하거나 공격하여
　　　선량한 국민들을 괴롭히는 살인마,
　　　광폭한 권력자로 알려진 사람,[16]
　　　이런 사람을 일컬어 〈비천한 사람〉이라 한다.

119. 마을에서나 숲속에서나
　　　남의 소유물을 주지도 않았는데 훔치려는 마음을 내는 사람,
　　　이런 사람을 일컬어 〈비천한 사람〉이라 한다.

120. 남의 돈을 빌려 쓴 다음 갚으라는 독촉을 받으면
　　　「나는 그런 돈을 빌려 쓴 일이 없다」고
　　　생떼를 쓰며 달아나는 사람,
　　　이런 사람을 일컬어 〈비천한 사람〉이라 한다.

121. 얼마 되지도 않는 물건을 탐내어
　　　길 가는 사람을 죽이고 봇짐을 빼앗는 자,
　　　이런 사람을 일컬어 〈비천한 사람〉이라 한다.

122. 법정에서 증인을 설 때 자신을 위해서나 남을 위해서,
　　　또는 돈 때문에 거짓 증언을 하는 사람,
　　　이런 사람을 일컬어 〈비천한 사람〉이라 한다.

123. 폭력을 쓰거나 또는 서로 눈이 맞아

숫타니파타

친척이나 친구의 아내와 함부로 정을 통하는 사람,
이런 사람을 일컬어 〈비천한 사람〉이라 한다.

124. 재산이 많으면서도
늙은 부모를 봉양하려 하지 않는 사람,
이런 사람을 일컬어 〈비천한 사람〉이라 한다.

125. 부모, 형제, 자매
또는 시부모를 때리거나 욕하는 사람,
이런 사람을 일컬어 〈비천한 사람〉이라 한다.

126. 상대방이 이익을 물었는데 이익되지 않음을 가르쳐 주며,
무엇인가를 마음 한구석에 숨기고 말하는 사람,
이런 사람을 일컬어 〈비천한 사람〉이라 한다.

127. 나쁜 짓을 하면서
「남들이 이를 몰랐으면」하고 바라는 위선자,
이런 사람을 일컬어 〈비천한 사람〉이라 한다.

128. 남의 집에 가서 아주 융숭한 대접을 받고도
돌아올 때는 뒷인사를 제대로 하지 않는 사람,
이런 사람을 일컬어 〈비천한 사람〉이라 한다.

129. 수행자나 얻어먹는 사람에게 곧잘 거짓말을 하는 사람,
이런 사람을 일컬어 〈비천한 사람〉이라 한다.

130. 수행자들을 비난하며 밥을 주지 않는 사람,[17]

이런 사람을 일컬어 〈비천한 사람〉이라 한다.

131. 무지에 뒤덮여서 하찮은 물건을 탐내어
사실이 아닌 것을 말하는 사람,
이런 사람을 일컬어 〈비천한 사람〉이라 한다.

132. 자기를 치켜세우고 남을 헐뜯으며,
자만심으로 목이 뻣뻣해진 사람,
이런 사람을 일컬어 〈비천한 사람〉이라 한다.

133. 남을 괴롭히고, 욕심이 많으며, 인색하고,
박덕하면서 존경을 받으려는 사람,
도무지 부끄러워할 줄을 모르는 사람,
이런 사람을 일컬어 〈비천한 사람〉이라 한다.

134. 구도자를 비난하고,
구도의 길을 가려는 사람들을 비난하는 사람,
이런 사람을 일컬어 〈비천한 사람〉이라 한다.

135. 실제로는 존경받을 수 없는 사람이
「나는 존경받을 만한 성자」라고 자칭하며
이 세상 전체를 기만하는 사람,
이런 사람을 일컬어 〈비천한 사람〉이라 한다.

바라드바쟈여, 내가 그대에게 말한 이런 사람이야말로
〈비천한 사람〉들임에 틀림없느니.

136. 출신 성분에 의해서 사람이 천하게 되는 것도 아니요,
또는 브라만의 혈통에서 태어났다 해서
브라만이 되는 것도 아니다.
인간은 모두 그 자신의 행위에 의해서
얼마든지 〈천한 사람〉이 될 수도 있고,
〈귀한 사람(브라만)〉이 될 수도 있는 것이다.

137. 천민으로 태어나서 위대한 성자가 된
저 마탕가라는 사람이 있었다.

138. 마탕가는 그 누구도 얻기 어려운
저 최상의 명예를 얻었다.
많은 왕족들과 브라만들이 그를 존경했다.

139. 그는 신들의 수레를 타고 높은 곳으로 올라갔으며,
이 모든 욕망으로부터 해방되었다.
그리하여 그는 마침내
저 신의 세계로 들어갔다.
이렇듯 그의 비천한 탄생조차도
그가 신의 세계로 들어가는 것을
방해할 수 없었던 것이다.

140. 베다를 독송하는 집에서 태어나
베다를 배운 브라만조차도
때때로 악한 행위를 하는 것을 볼 수가 있다.

처음의 장

141. 이로 하여 그는 현세에서는 비난을 받고,
내세에는 악한 곳에 태어난다.
비록 신분이 높게 태어났다 하더라도
악한 곳에 태어나거나 비난받는 것을
막을 수는 없는 것이다.

142. 인간은 결코 그의 신분에 의해서
비천해지거나 고귀해지지는 않는다.
인간을 비천하고 고귀하게 만드는 것은
결코 신분이 아니라 그 자신의 행위다.

　이 말을 다 듣고 불을 섬기던 바라드바쟈는 스승에게 말했다.
「훌륭합니다. 당신은 내 마음에 지혜의 등불을 밝혀 줬습니다. 이후로 나는 당신을 따르겠습니다. 이 세상에 머무는 당신의 제자로서 이 목숨이 다하는 날까지 당신을 따르고자 합니다.」

8. 자비에 대하여

143. 니르바나에 이른 사람이
이 편안한 경지에서 해야 할 일은 다음과 같다.
공명하고 성실하며 말은 부드럽고 점잖아야 하며,
잘난 체 뽐내지 않는 것이다.

144. 만족할 줄 알며, 변변치 않은 음식으로 생활하라.
잡일을 줄이고 생활을 되도록이면 간소하게 하라.

모든 감관을 편안하게 하고
남의 집에 가서도 욕심을 내지 말아야 한다.

145. 현명한 사람들로부터 비난을 살 만한
그런 비열한 짓을 해서는 결코 안 된다.
살아 있는 것들아, 부디 행복하고 편안하여라.

146. 어떠한 생명체라도
약한 것이건, 강한 것이건, 큰 것이건, 중간 것이건,
제아무리 미미하고 보잘것없는 것일지라도.

147. 눈에 보이는 것이나, 보이지 않는 것이나,
멀리 있는 것이나, 가까이 있는 것이나,
이미 태어난 것이나, 앞으로 태어나려 하는 것이나,
살아 있는 모든 것들아, 부디 행복해져라.

148. 남을 속여서는 안 된다.
또 남을 멸시해서도 안 된다.
남을 괴롭히거나 고통을 주어서는 더욱 안 된다.

149. 어머니가 외아들을 보호하듯
살아 있는 이 모든 생명체에서
한없는 연민의 마음(자비심)을 일으켜야 한다.

150. 그 자비심이 골고루 스미게 하라.
위로, 아래로, 또는 옆으로,
장애도 없고, 적의도 없고, 척짓는 일도 없이

처음의 장

이 누리에 두루두루 스미게 하라.

151. 서 있을 때나, 걸을 때나, 앉을 때나, 누울 때나
잠자지 않는 동안에는
이 연민의 마음을 굳게 지녀라.

152. 사악한 견해에 사로잡히지 않고
자신을 절제할 줄 아는 사람,
사리를 잘 판단하며, 욕망의 늪을 이미 나온 사람,
이런 사람은 결코 두 번 다시 이 윤회 속에 태어나지 않는다.

9. 눈덮인 산에 사는 야차 [18]

153. 깊은 산에 사는 야차, 사따기라가 말했다 :
오늘은 보름, 금식일(禁食日)이다. 아, 아름다운 밤이 온다.
자, 이 세상을 포기한 사람, 고다마(부처)를 만나러 가자.

154. 눈덮인 산에 사는 야차, 헤마바따가 말했다 :
살아 있는 뭇 생명체에 대하여
그는 편안한 마음을 갖고 있는가.
바라는 것이나 바라지 않는 것에 대하여
그의 생각은 잘 절제되어 있는가.

155. 야차 사따기라 :
살아 있는 뭇 생명체에 대하여 그는 편안하다.

또 바라는 것이나 바라지 않는 것에 대하여
그의 생각은 잘 절제되어 있다.

156. 야차 헤마바따 :
그는 주지 않는 물건을 가지려 하는가.
그는 살아 있는 생명체를 죽이고자 하지는 않는가.
그는 혹시 태만하지는 않은가.
명상을 게을리하고 있지는 않은가.

157. 야차 사따기라 :
그는 주지 않는 물건을 결코 갖지 않는다.
그는 살아 있는 생명체를 죽이려 하지 않는다.
그는 결코 태만하지 않으며 명상을 중단하는 일도 없다.

158. 야차 헤마바따 :
그는 거짓말쟁이는 아닌가.
말을 난폭하게 하지는 않는가.
중상모략이 섞인 말을 하지는 않는가.
쓸데없는 말을 지껄이지는 않는가.

159. 야차 사따기라 :
그는 결코 거짓말을 하지 않는다.
그는 결코 거칠게 말하지 않는다.
중상모략이 섞인 말을 그는 한 일이 없다.
그리고 쓸데없는 말을 그는 결코 하지 않는다.

처음의 장

160. 야차 헤마바따 :
그는 감각적인 쾌락에 빠져 있지는 않은가.
그는 마음이 혼탁해 있지는 않은가.
어리석은 생각들을 그는 극복했는가.
이 모든 존재의 내면을 꿰뚫어 볼 수 있는
그런 예지의 눈을 그는 가지고 있는가.

161. 야차 사따기라 :
그는 감각적인 쾌락에 빠지지 않는다.
또 그의 마음은 더럽혀지지 않는다.
그는 모든 미망(迷妄)에서 벗어나 있다.
이 모든 것의 내면을 꿰뚫어 볼 수 있는
그런 예지의 눈을 그는 가지고 있다.

162. 야차 헤마바따 :
그는 예지에 차 있는가. 그의 행위는 순수한가.
그는 야망의 타오르는 불길을 꺼버렸는가.
그는 더 이상 이 세상에 태어나지 않을 수 있는가.

163. 야차 사따기라 :
그는 무섭도록 예지에 차 있다.
그의 행위는 다이아몬드보다 더 순수하다.
야망의 불길을 깨끗이 꺼버렸으며,
그는 더 이상 이 세상에 다시 태어나지 않는다.

164. 성자의 마음은 행위와 말이 잘 조화를 이루고 있다.

숫타니파타

지혜와 행위를 모두 갖추고 있는 그에게 가자.
우리 모두 가서 그를 만나보도록 하자.

165. 야차 헤마바따 :
자, 모두들 고다마를 보러 가자.
그는 산양(山羊)과 같이 마르고
가는 정강이를 가지고 있다.[19]
그는 지혜로우며, 많이 먹지 않고, 탐내는 일 없이
숲속에서 조용히 명상에 잠겨 있다.

166. 욕망을 두 번 다시 되돌아보지 않고,
사자처럼 홀로 가고 있는 그에게 가자.
우리 모두 그를 찾아가서
죽음의 속박에서 벗어나는 길을 물어보자.

167. 야차 사따기라와 헤마바따 둘이 같이 :
고다마, 길을 이끄는 분이여,
이 모든 것을 남김없이 꿰뚫어 봤으므로
미움과 두려움을 정복한 분이여,
우리는 당신에게 묻습니다.

168. 야차 헤마바따 :
이 세계는 왜 생겨났으며,
이 세계에 대하여 사람들은 왜 이토록 애착하고 있습니까.
세상 사람들은 무엇에 집착하며
무엇 때문에 그토록 괴로워하고 있습니까.

처음의 장

169. 고다마 :
헤마바따여, 여섯 가지[20]가 있을 때 이 세계는 생겨나며,
이 여섯 가지에 대하여 사람들은 애착을 느낀다.
그리고 세계는 이 여섯 가지에 집착하고 있으며,
세계는 이 여섯 가지 때문에 괴로워하고 있다.

170. 야차 헤마바따 :
사람들이 괴로워하고 있는 이 집착이란 도대체 무엇입니까.
이 집착으로부터 벗어나는 길을 말해 주십시오.
어떻게 하면 이 괴로움으로부터 풀려날 수 있겠습니까.

171. 고다마 :
이 세상에는 다섯 가지 감각[21]의 즐거움이 있다.
그리고 의식작용은 여섯번째의 즐거움에 해당된다.
이 여섯 가지에 대한 지나친 욕심을 버린다면
그대는 고통으로부터 풀려나게 될 것이다.

172. 이 세상을 구제하는 길에 대해서
나는 진심으로 그대에게 말했나니,
이를 실천하기만 한다면
누구나 고통에서 해방될 것이다.

173. 야차 헤마바따 :
이 세상에서 누가 이 존재의 흐름[22]을 건널 수 있습니까.
도대체 누가 이 깊은 바다를 건널 수 있겠습니까.
의지할 곳도 기댈 곳도 없는 바다에 들어가서

아, 아, 누가 침몰하지 않을 수 있겠습니까.

174. 고다마 :
언제 어디서나 자신을 지혜롭게 절제하며
마음을 가다듬어 생각이 깊은 사람이야말로
건너기 어려운 이 바다를 건널 수 있느니.

175. 감각적인 기쁨과 결별하고,
모든 속박에서 벗어난 사람, 환락의 삶을 거절해 버린 사람,
그는 깊은 바닷속에서도 능히 침몰하지 않느니.

176. 이 말을 듣고 야차 헤마바따는 그의 동료들에게 말했다 :
지혜롭고 아무것도 소유하지 않은 사람,
이 생존마저도 집착하는 일 없이
모든 것에서 자유로운 사람,
하늘의 길 23)을 가고 있는 저 수행자를 보라.

177. 지혜를 가르치는 사람, 욕망에 집착하지 않는 사람,
모든 것을 다 알면서도
고상한 길을 홀로 가고 있는 저 수행자를 보라.

178. 오늘 우리는 찬란한 태양을 봤다. 아주 기분 좋은 아침이다.
이 고뇌의 바다를 건너간 사람, 욕망에서 자유로운 사람을
우리는 비로소 만났기 때문이다.

179. 우리는 초능력을 가진 무적(無敵)의 야차,
우리들은 모두 당신에게 귀의합니다.

처음의 장

고다마여, 당신이야말로 더없는 스승입니다.

180. 우리는 이 마을에서 저 마을로
이산에서 저산으로 다니며
깨달음을 성취한 당신을 숭배하겠습니다.
완벽한 진리인 당신의 말씀을 받들겠습니다.

10. 알라바까 이야기

나는 이렇게 들었다.
어느때 스승은 야차 알라바까의 주거지에 머물고 있었다.
어느날 알라바까는 그가 머물고 있는 곳에 와서 말했다.
「밖으로 나와라. 사마나(수행자)여.」
「좋다, 친구여.」 그는 이렇게 말하고 밖으로 나왔다.
야차 : 들어가거라, 사마나여.
「좋다, 친구여.」 그는 이렇게 말하고 안으로 들어갔다.
두번째로 야차는 이렇게 말했다.
「다시 밖으로 나오너라, 사마나여.」
「좋다, 친구여.」 그는 다시 밖으로 나왔다.
야차 : 다시 안으로 들어가거라.
「좋다, 친구여.」 그는 다시 안으로 들어갔다.
세번째로 야차는 또 이렇게 말했다.
「다시 밖으로 나오너라.」
「좋다, 친구여.」 그는 다시 밖으로 나왔다.

야차 : 다시 안으로 들어가거라.

「좋다, 친구여.」 그는 다시 안으로 들어갔다.

네번째로 야차는 또 이렇게 말했다.

「사마나여, 다시 밖으로 나오너라.」

그러나 그는 이렇게 말했다. 「나는 이제 더 이상 밖으로 나가지 않겠다. 자 친구여, 그대가 하고 싶은 대로 해라.」

야차는 말했다. 「사마나여, 나는 너에게 질문을 하겠다. 만일 내 물음에 답하지 못한다면 너의 심장을 찢어 버리고 너의 두 발을 잡아서 갠지스 강뚝 저쪽으로 집어 던지겠다.」

스승 : 오 벗이여, 내 마음을 어지럽히고, 내 심장을 찢고, 내 발을 잡아 갠지스 강 저쪽으로 집어 던질 수 있는 그런 자를 나는 아직까지 보지 못했다. 자, 벗이여, 묻고 싶은 것이 있으면 무엇이든 물어봐라.

야차는 물었다.

181. 가장 값진 재산은 무엇인가.
　　어떤 일을 해야 마음이 편안한가.
　　맛 중에 가장 좋은 맛은 무엇인가.
　　어떻게 사는 것이 최상의 삶인가.

182. 스승 :
　　인간에게 있어서 가장 값진 재산은 믿음이다.[24]
　　진리를 잘 관찰함으로써 마음의 편안을 얻는다.
　　진실이야말로 맛 중에서 가장 좋은 맛이요,
　　지혜롭게 사는 것만이 최고의 삶이다.

처음의 장 [1]

183. 야차 :
어떻게 이 존재의 흐름을 건너갈 수 있는가.
저 깊은 바다를 어떻게 건너갈 수 있겠는가.
이 고뇌를 정복하는 방법은 무엇이며,
다시 순수해지려면 어떻게, 무엇을 해야 하는가.

184. 스승 :
믿음으로 이 존재의 흐름[25]을 건너갈 수 있다.
열심히 노력함으로써 이 깊은 바다를 건널 수 있다.
근면과 인내로써 이 고뇌를 정복할 수 있으며
지혜에 의해서만이 인간은 다시 순수해질 수 있다.

185. 야차 :
어떻게 해야 지혜를 얻을 수 있으며
재산을 모으는 방법은 또 무엇인가.
명성을 얻고 친구를 사귀는 방법은 무엇이며,
어떻게 하면 이 생이 끝날 때
비탄에 잠기지 않을 수 있는가.

186. 스승 :
눈을 뜬 저 현자들의 가르침을 믿으며,
그 가르침을 듣고자 열망한다면
그는 마침내 그로하여 지혜를 얻게 될 것이다.

187. 때와 장소에 맞게 일을 하며 잘 참으며
노력하는 사람은 능히 재산을 얻는다.

진정한 의미에서의 명성은 진실에 의해서 얻어지며
내가 무엇인가를 베풀어 줌으로써 벗을 사귈 수 있다.

188. 이 세속에 사는 사람으로서 성실, 정의감, 확고한 의지,
그리고 관대함, 이 네 가지 덕만 갖추고 있다면
이 생이 끝날 때 그는 결코 비통해 하지 않는다.

189. 성실, 자기 절제, 관대함, 인내심.
이 세상에서 이 네 가지보다 더 나은 것이 있다면
자, 알라바까여, 다른 수행자들에게 다시 물어봐라.

190. 알라바까…
무엇때문에 굳이 더 이상
다른 수행자들에게 물어본단 말입니까
행운에 찬 미래가 무엇이라는 것을
저는 오늘 비로소 알았습니다.

191. 야차 :
사마나여, 당신이 내 주거지에 온 뜻을
이제야 비로소 알겠습니다.
무슨 선물을 줘야 보다 큰 결실을 맺는다는 것도
나는 알았습니다.

192. 이 후로 나는 이 마을에서 저 마을로,
이 도시에서 저 도시로 다니면서 당신을 경배하겠습니다.
당신의 가르침을 받들겠습니다.

처음의 장

11. 승 리

193. 걷기도 하고, 서기도 하고, 앉기도 하고, 눕기도 하고,
몸을 굽히거나 펴는 것,
이는 모두 이 몸의 동작에 지나지 않는다.

194. 우리의 몸은 뼈와 근육으로 형성되었으며
그 위에 얇은 막과 살이 달라붙어 있다.
그리고 겉은 살가죽에 싸여 있어서
있는 그대로의 모습을 볼 수가 없다.

195. 몸속에는 대장, 위, 간장, 방광, 심장,
폐, 신장, 비장 등의 기관으로 가득 차 있다.

196. 그리고 콧물, 침, 땀, 지방질,
피, 관절액, 담즙 등이 있다.

197. 또 아홉 개의 구멍[26]으로부터는
언제나 더러운 오물이 나오고 있다.
눈에는 눈물, 귀에는 귓밥.

198. 코에서는 누런 코, 입에서는 침과 가래,
그리고 전신에서는 땀이 나고, 때가 끼며 비늘이 떨어진다.

199. 또 머릿속(두개골 속)은 컴컴한 동굴과 같은데
그 속에는 골수(腦髓)로 가득 차 있다.

숫타니파타

그러나 어리석은 자는 무지에 뒤덮여서
이 육체는 참 깨끗한 것이라고 말하고 있다.

200. 머지않아 이 몸은 시체가 되어 눕게 된다.
시체는 썩어 부풀어 오르고,
차츰 검푸르게 변하여 마침내는 공동묘지에 버려지나니
가장 사랑하던 사람마저도 이젠 뒤돌아보지 않는다.

201. 늘개와 여우, 그리고 온갖 짐승들이
이 송장덩어리를 뜯어먹는다.
그리고 까마귀와 독수리 등이 날아와
그 나머지를 쪼아먹나니.

202. 그러므로 예지에 찬 수행자는 스승의 가르침을 듣고,
이 몸에 대한 모든 진실을 분명히 알게 된다.
그리고 그는 이 몸에 대하여 있는 그대로 보게 된다.

203. 「저 시체도 한때는 지금 살아 있는 내 육신과 같았다.
그러므로 내 몸도 언젠가는 저 시체와 같이 될 것이다.」
이렇게 알고 이 육신에 대한 애착을 모두 버려라.

204. 이 세상에서 욕망과 집착을 떠난 지혜로운 수행자는
마침내 저 니르바나의 경지에 이르게 되나니.

205. 우리의 이 육체는 결코 깨끗하지 않다.
심한 악취가 나며, 갖가지 오물로 가득 차 있으며,
움직일 때면 오물이 여기저기에 떨어지고 있음이여.

처음의 장

206. 이런 육체를 가진 인간이
　　자신을 위대하다고 생각하여 남을 경멸한다면
　　그는 눈먼 소경이라고밖에 달리 말할 수 없느니.

12. 성　자

207. 절친한 관계로부터 두려움이 생기고
　　세속적인 생활로부터 더러움이 생긴다.
　　절친한 관계도 없고, 세속적인 생활도 갖지 않는다면
　　이것이 진실로 성자의 생활이다.

208. 이미 생겨난 죄의 싹을 절단해 버린 사람,
　　새로 또 다른 죄의 씨를 뿌리지 않는 사람,
　　그리고 현재 생겨나는 죄를
　　더 이상 자라지도 못하게 하는 사람,
　　홀로 걸어가는 저 사람을 성자라 하느니,
　　그는 이미 저 니르바나의 언덕에 이르렀다.

209. 죄의 원인을 심사숙고한 다음
　　그 죄의 씨를 아예 없애 버린 사람,
　　죄에 대한 애착이 더 이상 번져 가지 못하게 하는 사람,
　　그는 저 니르바나의 언덕에 이른 성자다.
　　그는 두 번 다시 이 아귀다툼 판에 말려들지 않을 것이다.

210. 이 모든 편협된 주장들을 이미 간파하여

그 어느 편에도 치우치려 하지 않는 사람,
탐욕의 불길을 이미 진압해 버린 성자는
어떤 것도 인위적으로 조작하지 않는다.
그는 이미 저 니르바나의 언덕에 이르렀기 때문이다.

211. 모든 것을 정복하고 모든 것을 아는 사람,
지혜롭기 때문에 어느 것에도 오염되지 않는 사람,
욕망의 파괴로부터 자유로워진 사람,
이런 사람을 진정한 성자라 하느니.

212. 지혜롭고 자기 절제를 잘하며
마음이 통일되어 명상을 즐기며
생각이 깊고, 집착에서 벗어나 거칠지 않으며
번뇌의 수렁에 빠지지 않는 사람,
이런 사람을 진정한 성자라 하느니.

213. 홀로 걸어가며 게으름을 피우지 않는 수행자,
칭찬에도 비난에도 전혀 마음이 흔들리지 않아
큰 소리에도 놀라지 않는 사자와 같이,
그물에 걸리지 않는 바람과 같이,
그리고 진흙에 더러워지지 않는 연꽃과 같이,
남에게 끌려가지 않고 오히려 남을 끌고 가는 사람,
이런 사람을 진정한 성자라 하느니.

214. 아무리 칭찬을 해도 또 비난을 퍼부어도
기둥과 같이 움직이지 않는 사람,

처음의 장

욕정을 떠나 모든 감각기관을 잘 다스리는 사람,
이런 사람을 진정한 성자라 하느니.

215. 자신을 잘 지키며 악을 싫어하고
옳고 옳지 않음을 분명하게 통찰하는 사람,
이런 사람을 진정한 성자라 하느니.

216. 자신을 잘 지켜 악을 피하고
젊었을 때도 중년이 되어서도
자신을 지킬 줄 아는 사람,
남을 괴롭히지도 않고 또 괴롭힘을 당하지도 않는 사람,
이런 사람을 진정한 성자라 하느니.

217. 남이 주는 것으로 생활하며
새 음식이나 먹던 음식이나 먹다 남은 음식을 얻더라도
음식을 준 그 사람을 칭찬하거나 욕하지 않는다면[27]
이런 사람을 진정한 성자라 하느니.

218. 영혼의 순수성을 잘 지켜 감으로써
그 어떤 것에게도 마음을 빼앗기지 않으며
교만하거나 게으르지 않고
이 모든 속박으로부터 자유로운 사람,
이런 사람을 진정한 성자라 하느니.

219. 이 세상을 속속들이 다 알아서 최고의 진리를 체험한 사람,
존재의 이 깊은 바다를 건너간 사람,

그리하여 그 어디에도 의존하지 않는
저 순수한 사람을 진정한 성자라 이름하느니.

220. 사냥꾼은 아내를 먹여 살리지만
그러나 집을 버린 수행자는 어느 것에도 집착이 없다.
사냥꾼은 살아 있는 생명을 마구 죽이지만
그러나 저 성자는 살아 있는 생명에게 연민을 갖고 있다.

221. 공작새가 하늘을 날지만
그러나 저 솔개의 빠름에는 미칠 수 없듯,
가정을 가진 사람은 아무래도
집을 버린 저 수행자에게는 미칠 수 없다.

처음의 장

작은 장

두번째 작은 장

1. 보 배

222. 오늘 여기 모인 살아 있는 것들아,
　　 땅에 사는 것이나 공중에 사는 것이나
　　 모두들 행복하라. 그리고 내 말을 귀담아 듣거라.

223. 그러므로 살아 있는 것들아, 여기 귀를 기울여라.
　　 밤낮으로 저 성자에게 공양을 올리는 사람들에게
　　 친절을 베풀어라. 그리고 열심히 그들을 보호하라.

224. 이 세상의 부자거나 저 세상의 부자거나
　　 그 어떤 부자라 할지라도
　　 또는 천국의 가장 진귀한 보배라 할지라도
　　 스승에게는 견줄 수 없느니
　　 이 세상에서 가장 값진 보배가 스승에게 있음이여.
　　 이 진리의 보배로 하여 축복이 있으라.

225. 욕망의 파괴, 번뇌로부터의 탈출,
　　 그리고 저 영원한 차원에

작은 장

석가족의 성자 고다마(부처)는 마침내 도달했다.
그가 체험한 진리와 견줄 것은 아무것도 없느니
이 진리의 보배로 하여 축복 있으라.

226. 스승이 극구 칭찬한 명상을
사람들은 〈끊임없이 이어지는 명상〉이라 부른다.
이 명상에 견줄 것은 아무것도 없느니
이 진리의 보배로 하여 축복 있으라.

227. 현자는 진정한 수행자들을 칭찬하느니
이 수행자들은 모두 스승의 제자들이다.
그들을 대접한다면 좋은 결과를 얻을 것이다.
가장 값진 보배가 진정한 수행자들 속에 있음이여.
이 진리의 보배로 하여 축복 있으라.

228. 스승의 가르침에 따라 굳게 나아가라.
저 높은 경지에 도달해서
얻을 것 없는 그 법열에 젖어라.
가장 값진 보배가 이 속에 있음이여.
이 진리의 보배로 하여 축복 있으라.

229. 성문 밖의 저 돌기둥은
바람이 불어와도 흔들리지 않는 것처럼
진리를 체험한 사람도 이와 같으니
가장 값진 보배가 이 속에 있음이여.
이 진리의 보배로 하여 축복 있으라.

230. 스승이 말씀하신 그 진리를 몸소 체험한 사람은
마음이 흩어지더라도 곧 되돌아오느니
가장 값진 보배가 이 속에 있음이여.
이 진리의 보배로 하여 축복 있으라.

231. 첫째, 자신을 영원한 실재라고 보는 견해.
둘째, 의심.
셋째, 형식적인 계율.
이 세 가지가 조금이라도 남아 있다면
진리를 체험하는 순간 그는 이 나머지를 모두 털어 버린다.
그는 악의 소굴을 떠나와 더 이상 죄짓지 않느니
이 진리의 보배로 하여 축복 있으라.

232. 몸으로, 말로, 그리고 마음속으로
조금이라도 죄악을 저지르더라도
그는 도무지 잘못을 은폐할 수가 없으니
니르바나에 이른 사람들은 이를 잘 알고 있다.
가장 값진 보배가 이 속에 있음이여.
이 진리의 보배로 하여 축복 있으라.

233. 무성한 나뭇가지에서 꽃이 피어나듯
스승은 참으로 미묘한 가르침을 펴고 있다.
이 가르침으로 하여 뭇 존재들은 니르바나의 축복에 젖나니
가장 값진 보배가 이 속에 있음이여.
이 진리의 보배로 하여 축복 있으라.

234. 최상의 것을 알고, 최상의 것을 주고,
 최상의 것을 가져오는 저 최상의 사람이
 이제 최상의 진리를 말하고 있다.
 이 최상의 보배가 그에게 있음이여.
 이 진리의 보배로 하여 축복 있으라.

235. 옛것은 이미 다하고 새로운 것은 아직 태어나지 않았다.
 마음은 또 미래의 삶에도 집착하지 않느니
 생존에 대한 이 집착의 씨를 쪼개 버려서
 더 이상 자라나지 못하게 하는 사람은
 마치 등불과 같이 그렇게 조용히 사라진다.
 가장 값진 보배가 이 속에 있음이여.
 이 진리의 보배로 하여 축복 있으라.

236. 우리들, 이곳에 모인 살아 있는 것들은
 신들과 인간이 존경하는 저 〈고다마 스승〉에게 예배하나니
 온 누리여, 모두들 축복이 있으라.

237. 우리들, 이곳에 모인 살아 있는 것들은
 신들과 인간이 존경하는 저 〈진리〉에게 예배하나니
 온 누리여, 모두들 축복이 있으라.

238. 우리들, 이곳에 모인 살아 있는 것들은
 신들과 인간이 존경하는
 저 〈진정한 수행자들〉에게 예배하나니
 온 누리여, 모두들 축복이 있으라.

2. 불결한 음식

239. 아마간다 브라만 사제 :
    채소와 과일, 그리고 곡물 등의 먹을거리를
    올바르고 정당한 방법으로 얻도록 힘써야 한다.
    그리고 거짓을 말하지 말고,
    육체의 쾌락만을 너무 밝혀서도 안 된다.

240. 아주 맛있고 정갈한 음식을 대접받아서
    그 음식을 쩝쩝거리며 지저분하게 먹는 사람이 있다.
    이런 사람은
    깨끗한 음식을 불결한 음식으로 바꿔 먹는 사람이다.

241. 카샤파 :
    신성한 종족(브라만족)인 당신은
    비린내 나고 불결한 음식(고기)을 먹으면서,
    「나는 결코 비린내 나는 불결한 음식은 먹지 않는다」
    이렇게 말하고 있다.
    아마간다 :
    카샤파여, 나는 당신의 이 말을 도저히 이해할 수가 없구나.
    당신이 말하는 그 〈불결한 음식〉이란 도대체 어떤 것인가.

242. 카샤파 :
    생명을 죽이거나 구박하는 것.
    도적질하고 거짓말하고 사기치는 것.

작은 장

백해무익한 잡서(雜書)나 읽으며 남의 아내를 노리는 것,
이것이 바로 불결한 음식이니라.
육식(肉食)은 결코 불결한 음식이 아니니라.

243. 이 세상에서 욕망을 절제하지 않고
기름진 음식 맛을 탐내며 사악한 삶을 사는 자,
허무(虛無)만을 주장하고 옳지 않은 행동을 하는
저 완고한 사람,
이것이 바로 불결한 음식이니라.
육식(肉食)은 결코 불결한 음식이 아니니라.

244. 포악하고 잔혹하며, 헐뜯기를 좋아하는 자,
의리를 배반하고 무자비하고 오만불손한 자,
인색하기 이를 데 없어 베풀 줄을 전혀 모르는 자,
이것이 바로 불결한 음식이니라.
육식(肉食)은 결코 불결한 음식이 아니니라.

245. 성내기를 좋아하고 교만하며 고집이 센 자,
반항심과 질투가 많고 거짓말을 잘하는 사람,
불량한 무리들과 어울리는 저 한심한 자,
이것이 바로 불결한 음식이니라.
육식(肉食)은 결코 불결한 음식이 아니니라.

246. 그 성질이 간악하여
빌린 돈을 떼어먹거나 밀고를 하는 자,
법정에서 거짓 증언을 하며

정의를 가장하여 온갖 사악한 짓을 일삼는 인간 쓰레기,
이것이 바로 불결한 음식이니라.
육식(肉食)은 결코 불결한 음식이 아니니라.

247. 살아 있는 생명을 함부로 죽이며
남의 것을 빼앗고 짓밟는 자,
그 성질이 광폭하고 무례한 녀석,
이것이 바로 불결한 음식이니라.
육식(肉食)은 결코 불결한 음식이 아니니라.

248. 살아 있는 것들을 자기 뜻대로 지배하려 하며
적대감과 불쾌감을 뿜는 자,
기회만 있으면 남을 해치려고 벼르는 자는
죽어서는 암흑 속으로 들어갈 것이며,
머리를 거꾸로 처박고 지옥으로 떨어질 것이다.
이것이 바로 불결한 음식이니라.
육식(肉食)은 결코 불결한 음식이 아니니라.

249. 고기를, 생선을 먹지 않는 것도, 단식도, 나체의 고행도,
삭발도, 장발마저도 그리고 거친 옷을 입고
신에게 번제물을 올리는 종교의식도
저 불멸을 얻기 위한 그 갖가지 고행마저도
베다의 주문도, 아, 아, 그 간절한 기도조차도
그대의 영혼을 깨끗이 정화시킬 수는 없다.
그 마음에 아직도 의문의 안개가 남아 있는 한.

작은 장

250. 현명한 사람은 그의 감각기관을 잘 지키고 다스린다.
진리 속에 굳건히 서서 올바르고 부드러운 것을 즐기나니
집착과 모든 고뇌를 버렸으므로
보고 듣는 것에 결코 오염되지 않는다.

251. 카샤파는 이 가르침을(242~250)
되풀이해서 되풀이해서 말했다.
베다의 주문에 통달한 아마간다는 비로소
카샤파의 가르침을 완전히 이해하게 되었다.
그는 〈불결한 음식〉을 버리고
어떤 것에도 구애받지 않게 되었다.

252. 카샤파의 이 훌륭한 가르침을 듣고
아마간다는 겸허한 마음으로 카샤파에게 절했다.
그리고 카샤파의 제자가 되어 영원히 그의 뒤를 따라갔다.

3. 진실한 우정에 대하여

253. 〈나는 자네의 친구〉라고 말로는 곧잘 지껄여대지만
그러나 친구를 위해서 실제로 아무런 일을 하지 않는다면
이런 사람은 진실한 친구가 아니다.

254. 친구들에게 허풍이나 떨면서
전혀 그 말대로 실천에 옮기지 않는 사람,
이런 사람은 〈말만 많고 행동이 없는 자〉이니라.

255. 기회만 있으면 절교할 것을 생각하며
　　　상대방의 결점만을 노리는 사람,
　　　이런 사람은 참된 친구가 아니니라.
　　　그러나 자식이 어머니에게 의지하듯
　　　서로 의지하는 사람은 진정한 친구이니
　　　이런 우정은 누구도 그 둘 사이를 갈라놓을 수 없다.

256. 지금은 아무리 고달프더라도
　　　인간으로서 지고 가야 할 짐을 묵묵히 지고 가라.
　　　그러면 마침내는 기쁘고 넉넉한 결과가 있을 것이니.

257. 한적함과 평온을 맛본 사람은,
　　　저 진리의 감로를 마셔 본 사람은,
　　　죄악으로부터, 그리고 두려움으로부터 벗어나게 된다.

4. 더없는 행복 [28]

나는 이렇게 들었다.

어느때 스승은 사위성의 기원정사에 머물고 계셨다. 어느날 밤 한 신이 기원정사 전체를 비추면서 나타났다. 신은 스승에게 가까이 와서 인사를 한 다음 옆에 섰다. 그리고 이렇게 물었다.

258. 저 수많은 신들과 인간들은 축복을 원하며
　　　또 행복을 갈망하고 있다.
　　　고다마여, 최상의 행복이란 무엇인가.

작은 장

259. 스승 :
어리석은 자들을 가까이하지 않고
현명한 사람들과 친교를 맺는 것,
그리고 존경받을 만한 사람들을 존경하는 것,
이것이 더없는 행복이거니.

260. 알맞는 장소에 살며 좋은 일을 앞질러 하는 것,
그리고 자기 자신을 갈고 닦기에 온힘을 쏟는 것,
이것이 더없는 행복이거니.

261. 학문이 깊으며 기술을 익히는 것,
몸을 잘 다스리고 말을 훌륭하게 하는 것,[29]
이것이 더없는 행복이거니.

262. 부모를 섬기고,
아내와 자식들을 사랑하고 아껴주는 것,
이것이 더없는 행복이거니.

263. 형편따라 남을 도우며 올바르게 사는 것,
친지들을 아끼고 보호하며
남에게 비난을 살 만한 행동을 하지 않는 것,
이것이 더없는 행복이거니.

264. 죄악과는 영원히 결별하며
술을 절제하고 덕을 쌓기에 소홀히 하지 않는 것,
이것이 더없는 행복이거니.

265. 존경과 겸손, 만족과 감사한 마음을 갖는 것,
그리고 알맞는 때에 진리의 가르침을 듣는 것,
이것이 더없는 행복이거니.

266. 인내력을 기르고 말을 부드럽고 온화하게 하는 것,
수행자들을 두루 만나며
알맞는 때에 진리의 말에 귀를 기울이는 것,
이것이 더없는 행복이거니.

267. 고행과 순결, 그리고 진리에 대한 통찰력과 체험,
이것이 더없는 행복이거니.

268. 세상살이에 뒤섞일 때조차 그 마음이 흔들리지 않고
슬픔과 더러움으로부터 벗어나서 안정돼 있는 것,
이것이 더없는 행복이거니.

269. 이렇게 꿋꿋이 걸어가는 사람은
그 어떤 경우에도 패배하지 않는다.
그리고 그는 이 모든 곳에서 편안을 얻게 되나니
그 속에, 그 편안 속에 행복이 있음이여.

5. 수킬로마 야차

나는 이렇게 들었다.
어느때 스승은 가야(Gaya)[30]에 있는 수킬로마 야차의 주거지에

작은 장

머물고 계셨다. 때마침 가라 야차와 수킬로마 야차가 그 부근을 지나가고 있었다.

가라 : 저기 저 바위 위에 앉아 있는 사람은 진짜 수행자인가.

수킬로마 : 글쎄, 진짜 수행자인지 가짜 수행자인지 알 수 없는 걸. 어쨌든 가서 한번 확인해 보자.

야차 수킬로마는 스승의 몸에 바짝 다가갔다. 스승은 몸을 옆으로 비꼈다.

수킬로마 : 오, 수행자여, 그대는 나를 두려워하고 있구나.

스승 : 친구여, 나는 그대를 두려워하지 않는다. 그러나 그대의 몸이 내 몸에 닿는 것을 좋아하지 않는다.

수킬로마 : 수행자여, 나는 그대에게 질문을 하겠다. 만일 내 질문에 답하지 못할 경우, 각오하라. 나는 너의 마음을 혼란시키고, 너의 심장을 파헤칠 것이며 그리고 너를 갠지스 강뚝 저쪽으로 집어 던질 것이다.

스승 : 벗이여, 이 세상에 있는 존재도, 저 신들이나 악마들조차도 나를 해칠 수는 없다. 나는 아직껏 그런 존재를 보지 못했다. 그건 그렇고 벗이여, 자, 묻고 싶은 것은 무엇이든 물어봐라.

270. 수킬로마 :
　　탐욕과 증오는 왜, 어디로부터 생겼는가.
　　좋은 것과 싫은 것, 그리고 공포심은 어디로부터 왔는가.
　　철부지 아이들이 까마귀를 괴롭히듯
　　사람의 마음을 괴롭히는 저 불신감은
　　또 어디에서 비롯되었는가.

271. 스승 :
여러 탐욕과 증오는 바로 탐욕과 증오에 찬
그 자신으로부터 생긴 것이다.
좋은 것과 싫은 것, 그리고 공포심 역시
그 자신으로부터 생겼다.
철부지 아이들이 까마귀를 괴롭히듯
우리 마음을 괴롭히는 저 불신감 역시
우리 자신으로부터 비롯된 것이다.

272. 이런 것들은 모두 욕망으로부터 생겨나서
나무의 새싹처럼 그 자신 속에서 자란다.
이것들이 널리 모든 욕망과 연결되어 있는 것은
마치 덩굴나무가 숲속에서
사방팔방으로 뻗어나가는 것과 같다.

273. 수킬로마여, 듣거라.
죄악이 어디로부터 일어나는지를 아는 사람은
그것들을 미련없이 내버린다.
그리고 그는 아직까지 그 누구도 건너간 일이 없는
이 생존의 바다를 건너
이제 두 번 다시 삼사라[31]의 이 꿈속으로 들어오지 않는다.

6. 진리에 맞는 삶

274. 올바른 생활, 구도자적인 삶,
이것이야말로 가장 값진 보석이 아닐 수 없다.
비록 집을 버린 수행자라 할지라도.

275. 거칠게 말하며 남을 괴롭히기를 좋아하는 자,
이런 짐승 같은 자의 삶은 죄악으로 가득 차 있다.
세월이 갈수록 불어나는 것은 그 자신의 더러움뿐이다.

276. 언제나 말싸움하기를 좋아하며
어리석음으로 뒤덮여 있는 사람은
아무리 진리를 가르쳐 줘도 그걸 이해하지 못한다.

277. 그는 또 그 자신의 깨끗한 마음을 휘저으면서
무지(無知), 저 어둠 속으로, 어둠 속으로,
빨려 들어가고 있다. 그리고 그는
죄가 지옥으로 가는 지름길이라는 것을 알지 못한다.

278. 이런 사람은 마침내 불행에 빠지게 되며
이 자궁에서 저 자궁으로,
어둠 속에서 어둠 속으로 끝없이 헤매게 된다.
그리고 이 삶이 끝날 때 그를 맞는 것은 고통뿐이다.

279. 저 똥통을 보라. 기나긴 세월이 흘러갔어도

거기 쌓이는 것은 오직 똥무더기뿐이다.
죄악으로 가득 찬 사람도 이와 같아서
다시 순수해지기란 좀처럼 힘든 일이다.

280. 그러므로 알지어다.
이런 사람은 지극히 세속적인 인간으로서
죄악에 가득 찬 욕망과 생각,
그리고 죄악으로 얼룩진 행동이 있을 뿐이다.

281. 그대들은 모두 일치단결해서
이런 사람을 멀리 날려 보내야 한다.
쌀겨를 저 멀리 멀리 날려 보내듯.

282. 그리고 수행자도 아니면서
자칭 수행자라고 떠벌리는 놈들을
저 멀리 멀리 날려 보내야 한다.
죄악에 찬 욕망과 행동,
그리고 옳지 못한 생각을 갖고 있는 그들을
멀리 더 멀리, 아주 멀리 날려 보내야 한다.

283. 다시 순수해져라. 그리고 생각을 깊게 갖고
순수한 사람들과 이웃하며 살아가라.
그러면 너는 다시 지혜로워질 것이며
밤에 울던 그 고통과 고뇌는 영원히 가버릴 것이다.

7. 진정한 수행자

나는 이렇게 들었다.

어느때 스승은 사위성의 기원정사에 머물고 있었다. 그때 머언 나라로부터 많은 수행자들이 그를 방문했다. 그와 정겨운 인사를 나눈 뒤 그 곁에 앉아서 잠시 휴식했다.

조금 후 그들은 이렇게 물었다.

「석가족의 성자여, 요즈음의 수행자들은 옛 수행자들이 지켜 오던 관습을 제대로 지키고 있는가.」

스승 : 어르신네들이여, 요즈음 수행자들은 옛 현자들이 금쪽같이 지켜 오던 그 관습을 전혀 지키지 않고 있습니다.

멀리서 온 수행자들 : 그렇다면 옛 현자들이 지켜 오던 그 관습을 말해 주실 수 있겠소. 당신에게 방해가 되지 않는다면….

스승 : 자, 그렇다면 내 말을 귀담아 들으시기 바랍니다.

284. 스승의 말 :
　　옛 현자들은 자신을 절제하는 고행자였다.
　　그들은 갖가지 욕망의 대상을 버리고
　　오직 자신의 진실한 이상을 향해 걸어갔다.

285. 그들은 가축도 갖지 않았으며
　　황금도, 재물도 소유하지 않았다.
　　그러나 그들은 정진을 재물로 삼았고,
　　저 유일자 브라만 신을 창고(곳간)로 삼아

숫타니파타

자신을 굳게 지켜 갔다.

286. 사람들은 너나없이 그들을 대접하기 위하여
정성을 다해서 음식을 장만했다.
음식을 만들어 문밖에 놓고 그들이 지나가기를 기다렸다.

287. 그리고 또 풍요한 지방의 주민들은
갖가지 의복과 이불, 그리고 집을 지어 그들에게 줬다.

288. 그들은 진리의 보호자였기 때문에
그 누구도 그들을 이기거나 살해할 수가 없었다.
어디를 가도 그들은 결코 방해받지 않았다.

289. 그들, 옛 현자들은
사십팔년간이나 소년의 순결성을 갈고 닦기에 여념이 없었다.
그리고 그들은 부지런히 지혜와 모범적인 행동을 연마했다.

290. 그들은 다른 종족의 여자를 얻지 않았다.
그리고 돈을 주고 아내를 사들이는 일도 하지 않았다.
다만 서로 사랑하고, 서로 아껴주면서 즐겁게 살아갔다.

291. 아내와 같이 있을 때는 서로 즐거워했지만
그러나 월경 때가 되어 아내와 떨어져 있어야 할 때는
절대로 방사(房事)를 함부로 하지 않았다.[32]

292. 그들은 또 다음과 같은 것들을 극구 칭찬했다.
순결과 덕, 정직과 온화함, 고행과 유연함과 자비,

그리고 참고 견디는 마음을.

293. 그들 중에서 아주 의지력이 강하고 용감한 사람들은
 끝까지 순결성을 잃지 않았다.

294. 총명하고 지혜로운 사람들은 그들을 본받아서
 순결과 절제와 인내를 찬양했다.

295. 그들은 쌀과 침구와 의복과 버터,
 그리고 기름을 시주받아서
 엄숙하게 그것들을 신에게 바쳤다.
 제사를 지낼 때 그들은 결코
 번제용으로 쓰려고 소를 살해하지는 않았다.

296. 부모와 형제, 그리고 다른 친척들처럼
 소는 인간에게 있어서 가장 가까운 벗이다.
 소로부터 우리는 우유를 비롯하여 많은 것을 얻고 있다.

297. 그것들(치즈, 우유, 버터 등)은 식료품으로 사용되어
 우리에게 에너지를 주고, 피부를 윤택하게 해준다.
 인간은 소로부터 이런 이익을 얻고 있음을 알고
 그들은 결코 소를 죽이지 않았다.

298. 그들은 손과 발이 아름답고 몸매도 장엄했다.
 그들은 자기의 의무를 다하기 위해서 최선을 다했다.
 마땅히 해야 할 것은 하며
 하지 않아야 할 것은 절대로 하지 않았다.

그들이 이 세상에 머물 동안은
사람들은 번영했고 행복했었다.

299. 그러나 그들 사이에서 잘못된 견해가 일기 시작했다.
왕의 부귀영화와 성장한 여인들에게
관심을 갖기 시작하면서.

300. 또 훌륭한 마차와 아름다운 옷감,
그리고 잘 지어진 저택들을 보고서.

301. 의복과 음식이 풍성하고
아름다운 여자들에게 둘러싸인 인생의 이 향락을 얻고자
그들은 열망하기 시작했다.

302. 그래서 그들은 베다의 주문을 편찬하여 왕에게 가지고 갔다.
「대왕이여, 당신은 재물과 곡식이 풍부하오.
자, 신에게 제물을 바치시오.
대왕이여, 당신의 부(富)는 대단하오.
자, 어서 신에게 제사를 지내시오.」

303. 이 말을 듣고, 왕은 마침내 갖가지 제사를 지내기로 했다.
그리고 이 제사를 통해서 사제인 그들에게 재물을 줬다.

304. 소, 침구, 의복, 성장한 여인,
그리고 멋진 수레와 아름다운 옷을.

305. 그리고 멋지게 지은 저택에 곡물을 가득 채워서

그것들을 모두 그들에게 줬다.

306. 이렇게 하여 그들은 재물을 얻었다.
그러나 그들은 재물을 더 많이 비축하고자 했다.
그들은 마침내 눈먼 욕심의 늪에 빠졌으므로
그 욕심은 날로 불어갔다.
그들은 베다의 주문을 재편찬한 다음
다시 왕 앞에 가지고 갔다.

307. 「물과 땅, 황금, 그리고 재물과 곡물 등이
모두 살아 있는 인간을 위해서 있는 것같이
소 역시 우리 인간들을 위해서 있습니다.
자, 다시 한 번 신에게 재물을 바치오.
대왕이여, 당신의 재물은 많소.」

308. 사제들의 이 말을 듣고 왕은 몇천 마리의 소를 살해했다.
신에게 바칠 번제물로 삼기 위하여.

309. 저 소를 보라.
그의 뿔은, 다리는 결코 우리를 해치지 않는다.
소는 양처럼 순하며 많은 양의 우유를 준다.
그러나 왕은 소의 뿔을 잡아맨 다음
시퍼런 칼로 소의 목을 내려쳤느니.

310. 칼이 소의 목에 꽂히는 그 순간
하늘의 신들과 땅의 온갖 신령들은 일시에

「그것은 불법(不法)」이라고 외쳤느니.

311. 〈욕망〉과 〈굶주림〉과 〈늙음〉,
옛날에는 이 세 가지 병밖에 없었다.
그런데 번제용으로 쓰기 위하여
가축들을 마구 살해하면서부터는
아흔여덟(98) 가지 온갖 질병 33)이 나타났다.

312. 이런 식으로 무기를 불법으로 사용하는 관습이
그때부터 지금까지 전해오고 있다.
보라, 인간에게 아무런 피해를 주지 않는 소가
도처에서 마구 살해되고 있다.
신에게 제사를 드리는 사제들은 이제
그 진리의 길에서 완전히 빗나가 버렸다.

313. 예로부터 전해오는 이 무가치한 관습을
지각 있는 사람들은 모두 비난하지 않을 수 없었다.
사람들은 이런 광경 34)을 볼 때마다
제사를 집전하는 사제들을 몹시 비난했다.

314. 칼이 최초로 소의 목에 꽂히는 그 순간
진리는 산산조각이 나고야 말았다.
이렇게 하여 진리가 무너졌을 때
평민과 노예의 두 계급이 분열했고
모든 왕족들이 사방팔방으로 갈려 나갔다.

작은 장

315. 왕족도, 현자들도,
그리고 자신의 혈통을 잘 지켜 나가던 사람들도
이제 삶에 대한 진지한 논의를 그만 뒀다.
그리고 욕망의 노예가 되어 끌려가기 시작했다.
스승의 이 말이 끝나자 멀리서 온 수행자들은 말했다.
「참으로 훌륭하십니다. 석가족의 성자여, 당신의 말은 한밤의 횃불입니다. 자, 우리를 당신의 제자로 받아주십시오. 지금 이 순간부터 이 목숨이 다할 때까지 우리는 당신의 뒤를 따르겠습니다.」

8. 나룻배

316. 진리를 알고 있는 사람은 당연히 존경받아야 한다.
배움이 깊은 그런 사람을 진심으로 존경하라.
그러면 그는 너에게
마음을 다하여 길을 가르쳐 보일 것이다.

317. 생각이 깊은 사람은 그 가르침을 열심히 들어서
그것을 하나하나 실천에 옮긴다.
이런 사람을 가까이하게 되면
너 역시 그 사람과 같은 경지에 이를 것이니.

318. 그러나 사이비 스승을 따르는 사람은
말귀도 못 알아듣고 게다가 시기심만 많다.

그는 의심의 이 장벽을 넘어가지도 못하며
진리의 문을 열지도 못할 것이다.

319. 강물에 빠진 사람이
급한 물살에 휘말려 떠내려가고 있다.
물살에 휘말려 가는 이 사람이
어떻게 다른 사람을 저쪽 언덕으로 건네 줄 수 있단 말인가.

320. 이와 마찬가지로 진리를 제대로 알지도 못하고
게다가 배움이 깊은 사람들의 말을 듣지도 않는다면
스스로 아무것도 알지 못하는 사람이,
의심의 이 장벽을 넘어가지도 못한 사람이,
아, 아, 어떻게 다른 사람의 마음을 움직일 수 있단 말인가.

321. 저 일등 항해사가 아주 튼튼한 배를 타고
많은 사람들을 강 건너 저쪽 언덕으로 싣고 가듯.

322. 그와 마찬가지로 진리에 통달한 사람은
자신을 잘 다듬고 배움이 깊어 동요하지 않는다.
그리고 그는 진리의 길을 가고자 하는
저 많은 사람들의 마음을 움직인다.

323. 그러므로 지혜롭고 배움이 깊은 저분네들을 가까이하라.
사리를 잘 판단하고 착실히 살아가는 사람은,
진리를 깊이 통찰한 사람은,
마침내 저 행복의 문앞에 이르게 될 것이다.

작은 장

9. 최상의 목적

324. 물음 :
어떤 덕을 닦고, 어떤 행동을 하고
또 어떤 일을 해야만 우리는 올바르게 살 수 있는가.
또 최상의 목적에 도달할 수 있는가.

325. 대답 :
윗사람을 비난하지 말고 시샘하지 말라.
스승을 찾아갈 그 적당한 때를 알고
그 가르침을 들을 수 있는 최적기를 알아라.
훌륭한 가르침을 부지런히 듣고, 배우도록 힘써라.

326. 고집을 버려라.
겸손한 태도로 알맞는 시기에 스승을 찾아가라.
진리와 자기 절제, 그리고 순결한 행동을
늘 기억하고 실천하도록 힘써라.

327. 진리를 즐거워하라. 진리를 기뻐하라.
진리의 언덕에 꿋꿋이 서라. 진리의 이 흐름을 파악하라.
진리를 모독하는 말은 절대로 하지 말라.
그리고 진리를 의지하면서 그렇게 살아가라.

328. 웃음과 농담과 슬픔과 혐오,
거짓말과 사기와 탐욕과 오만,

숫타니파타

그리고 격분과 거친 말과 탐닉을 버리고
확고한 태도로써 꿋꿋이 나가라.

329. 훌륭한 가르침을 귀담아 듣고 깊이 이해하라.
그러면 바라는 바를 이룰 수 있으니
듣고 이해한 그대로 실천하라.
그러면 목적한 바를 성취할 수 있으니
그러나 너무 조급하고 조심성이 없으면
그에게는 이제 지혜도 배움도
더 이상 증가하지 않을 것이다.

330. 성인이 말씀하신 진리를 듣고, 기뻐하는 사람들은
말과 행동과 그 마음 씀씀이가 최상이 아닐 수 없다.
그들은 평화와 온화함과 명상 속에 굳건히 서서
배움과 예지의 그 핵심에 이르게 될 것이다.

10. 부지런히 노력하라.

331. 일어나라. 앉아라. 잠이 웬 말인가.
고뇌의 화살에 맞아 신음하고 있는 자가
지금 웬 잠이 이리 깊은가.

332. 일어나라. 앉아라.
평온을 얻기 위해서 오직 진리의 길만을 곧바로 가라.
너의 게으름을 알아차린 저 죽음의 왕이

다시는 너를 속이지 못하게 하라.
다시는 너를 묶지 못하게 하라.

333. 하늘의 저 신들도 인간들도
모두들 욕심과 집착의 덫에서 헤어나지 못하고 있다.
넘어가라. 이 집착을 넘어가라.
얼마 안 되는 이 시간을 헛되이 보내지 말라.
세월을 헛되이 보낸 사람은
죽음의 문이 열릴 때 저 어둠 속에서 슬피울게 되느니.

334. 게으름은 쓰레기니라. 계속되는 게으름은 쓰레기니라.
열심히 열심히 노력함으로써
그리고 예지의 집게로 뽑아 버려라.
그대 영혼에 박힌 그 고통의 화살을….

11. 나훌라여, 듣거라 [35]

335. 스승 :
나훌라여, 같이 사는 현자들을 너는 멸시하지 않느냐.
모든 사람을 위하여 지혜의 횃불을 높이 든
저 사람을 너는 존경하고 있느냐.

336. 나훌라 :
아버지, 현자들을 저는 결코 멸시하지 않습니다.
우리 모두를 위하여 지혜의 횃불을 높이 든

저분을 저는 언제나 존경하고 있습니다.

337. 스승 :
아름답고 매혹적인 저 욕망의 유혹을 버려라.
아들아, 그대는 진리의 길을 가기 위해서 집을 나왔느니
이 인간의 고뇌를 모두 없애 버리는 자가 되라.

338. 진실한 사람들과 가까이하고
마을에서 조금 벌어진 곳에 살아라.
조용하고 평화로운 그런 곳에 머물러라.
그리고 음식은 언제나 양에 맞게 절제하라.

339. 의복과 음식, 그리고 환자용의 물건과 주거지,
이런 것들에 대해서 지나치게 욕심을 내지 말라.
그리고 다시는 세상으로 되돌아가지 말라.

340. 정한 규칙을 잘 따르고, 감관을 절제하라.
너 자신의 몸을 잘 관찰하고
이 세상에 대한 미련을 모두 지워 버려라.

341. 애욕이 있으면 더러운 것도 신비하게 보이느니
이 매혹적인 겉모양에 사로잡히지 말라.
이 몸은 결국 덧없이 사라져 가는 것임을 알아서
마음을 잘 가다듬어 흩어지지 않게 하라.

342. 모든 형상은 덧없이 변한다는 것을 알고
마음속에 숨어 있는 자만심을 버려라.

작은 장

자만의 마음이 모두 무너지게 되면
아들아, 그대는 조용하고 넉넉하게
이 세상을 살아갈 것이다.

스승은 이 시를 아들 나훌라에게 되풀이해서 들려줬다.

12. 수행자 반기사

나는 이렇게 들었다.
어느때 스승은 큰 나무 밑에 머물고 계셨다. 그런데 수행자 반기사의 선생인 니그로다깝파가 이 나무 밑에서 숨을 거둔 지 얼마 되지 않았다. 반기사는 깊이 명상에 잠겨 있는 도중 이런 생각을 하게 됐다.
「선생 니그로다깝파는 정말 완전히 없어져 버렸는가. 아니면 그저 이 육체만을 버리고 어딘가에 머물고 있는가.」
저녁이 됐다. 반기사는 스승에게로 가서 이렇게 물었다.

343. 모든 의심을 끊은 지혜의 승리자 당신에게 묻습니다.
   마음이 넉넉한 경지에 들어간 한 수행자가
   이 큰 나무 밑에서 숨을 거두었습니다.

344. 스승이여, 당신은 그에게
   〈니그로다깝파〉라는 이름을 주었습니다.
   그는 오직 당신만을 존경하고 따랐으며
   영혼의 자유를 얻고자 무척 노력했습니다.

345. 스승이여, 모든 것을 보신 분이여,
　　당신의 이 제자에 관한 모든 것을 우리는 듣고 싶습니다.
　　우리는 이미 들을 준비가 돼 있습니다.

346. 우리의 의심을 끊어 주십시오.
　　그의 이야기를 들려 주십시오.
　　지혜로 굽이치는 분이시여,
　　그가 완전히 죽어 없어져 버렸는지 아닌지를
　　우리들에게 말해 주십시오.

347. 이 세상에서의 모든 속박은 무지요, 미망의 길이며
　　의심 때문에 존재하고 있는 것입니다.
　　그러나 당신에게는
　　이 모든 속박이 더 이상 존재하지 않습니다.
　　당신은 가장 예지로운 분이기 때문입니다.

348. 바람이 먹구름을 몰아가듯
　　스승이 죄악을 모두 쓸어 버리지 않는다면
　　이 세상은 어둠으로 뒤덮이게 될 것이다.
　　예지로운 사람들도 더 이상 그 빛을 발하지 못할 것이다.

349. 현자들은 이 세상을 빛나게 한다.
　　지혜로운 분이여,
　　우리는 당신을 그런 현자라고 생각합니다.
　　우리 모두의 앞에서
　　저 니그로다깝파에 관한 일을 말해 주십시오.

350. 어서 외치십시오, 장엄하신 분이여.
　　　백조가 목을 들어올리며 서서히 울듯
　　　그렇게 부드럽게 노래하십시오.
　　　우리는 온몸과 마음으로 들을 것입니다.

351. 삶과 죽음을 완전히 떠난 사람,
　　　죄악을 남김없이 털어 버린 분께 간청합니다.
　　　나는 당신을 진리, 그 자체라고 외쳐댑니다.
　　　보통 사람들은 자신들이 바라는 바를 할 수가 없지만
　　　그러나 당신만은 이 모든 것을 다 하실 수 있습니다.

352. 완전하고 정확한 이 설명이
　　　당신에 의해서 잘 보존돼 왔습니다.
　　　우리는 모두 다시 한 번 당신께 합장합니다.
　　　지혜의 승리자여,
　　　당신은 니그로다깝파의 일을 다 알고 있습니다.
　　　우리를 더 이상 속이지 마십시오.

353. 진리를 완벽하게 터득하신 분이여,
　　　우리를 속이지 말아 주십시오.
　　　당신을 능가할 자는 이 세상에 없습니다.
　　　모든 것을 다 알고 계시는 분이여,
　　　오랜 가뭄에 비를 기다리듯
　　　우리는 당신의 말씀을 기다리고 있습니다.
　　　어서 그 가르침의 비를 내려 주십시오.

354. 수행을 통해서 그가 이루고자 한 목적은
    부질없는 것이었단 말인가.
    그는 아무것도 없는
    저 허무 속으로 사라져 버렸단 말인가.
    아니면 이 생존의 근원을 남겨둔 채
    니르바나로 돌아간 것일까.
    그는 어떤 식으로 해탈을 얻었을까.

   우리가 듣고 싶은 것은 바로 이런 것들입니다.

355. 스승의 대답 :
    그는 이 세상에서
    명칭과 형태에 관한 욕망을 끊어 버렸다.
    오랫동안 그에게 달라붙어 있던 악마의 흐름(無知)을,
    저 삶(生)과 죽음(死)의 험한 바다를
    그는 모두 건너가 버렸다.

356. 반기사 :
    당신의 말을 들으니 참 기쁩니다.
    내 물음이 결코 헛되지 않았다는 것을 알았습니다.
    당신은 나를 속이지 않았습니다.

357. 그는 자신이 말한 대로 행동했습니다.
    그는 참으로 진실한 당신의 제자였습니다.
    온 사방에 펼쳐진 저 염라[36]의 견고한 그물을
    그는 갈갈이 찢어 버렸습니다.

작은 장

358. 스승이여, 니그로다깝파 선생은
집착의 근원을 보았습니다.
아, 아, 그는 마침내 그 누구도 건널 수 없는
저 죽음의 바다를 이미 건너가 버렸습니다.

13. 구도자의 길

359. 위대한 지혜의 소유자,
고통의 바다를 건너 저 언덕에 이른 사람,
그리고 마음의 평화에 이른 성자에게 묻습니다.
집을 나와 이미 욕망을 버린 구도자가
이 세상에서 올바른 구도자의 길을 가려면
어떻게 해야 합니까.

360. 스승 :
앞일을 예언하지 말라.
천지이변을 점치지 말라.
꿈을 해몽하지 말라.
사주관상 등을 보거나 또 봐주지 말라.
이와 같이 길흉화복에 대한 판단을 모두 버린 사람은
이 세상에서 올바른 구도자의 길을 가고 있는 것이다.

361. 미(迷)한 이 생존을 초월하고 진리를 깨달은 사람,
인간 및 하늘의 향락에 대한 탐욕을 정복한 사람,

그는 이 세상에서 올바른 구도자의 길을 가고 있는 것이다.

362. 남을 헐뜯지 않고 노여움과 인색함에서 풀려난 사람,
비위에 맞거나 맞지 않거나
그런 것을 전혀 개의치 않는 사람,
그는 이 세상에서 올바른 구도자의 길을 가고 있는 것이다.

363. 좋다, 싫다를 모두 버리고 그 어디에도 집착하지 않아
이 모든 속박으로부터 훨훨 날아가 버린 사람,
그는 이 세상에서 올바른 구도자의 길을 가고 있는 것이다.

364. 생존을 구성하는 이 요소(upadhi)들[37] 속에는
영원불변의 실체가 없음을 이미 간파해 버린 사람,
그리하여 저 모든 집착을 버리고 탐욕을 다스린 사람,
그 누구의 말에도 끌려가지 않는 그런 사람은
이 세상에서 올바른 구도자의 길을 가고 있는 것이다.

365. 말과 행위와 그 생각하는 바가
어느 누구에게도 거슬리지 않는 사람,
진리를 완전히 이해하고
니르바나를 체험하기 위하여 열망하는 사람은
이 세상에서 올바른 구도자의 길을 가고 있는 것이다.

366. 보라. 「사람들이 나를 존경한다」고 우쭐대지 않고
비난을 받아도 그것을 마음에 품지 않는 사람,
남에게 대접을 받아도 전혀 교만하지 않은 사람은

작은 장

이 세상에서 올바른 구도자의 길을 가고 있는 것이다.

367. 삶에 대한 이 맹목적인 바람을 버리고
　　 살아 있는 것들을 더 이상 괴롭히지 않는 사람,
　　 모든 의심을 넘어서서 고통의 화살을 뽑아 버린 사람,
　　 그는 이 세상에서 올바른 구도자의 길을 가고 있는 것이다.

368. 자신의 분수를 잘 아는 사람,
　　 이 세상의 어떤 것도 해치는 일 없이
　　 철저하게 진리를 터득한 사람은
　　 이 세상에서 올바른 구도자의 길을 가고 있는 것이다.

369. 그에게는 어떤 나쁜 기질도 존재하지 않는다.
　　 그는 악을 뿌리째 뽑아 버리고
　　 원하는 것도 구하는 것도 없이
　　 이 세상에서 올바른 구도자의 길을 가고 있는 것이다.

370. 번뇌의 더러움을 버리고 자만에서 풀려나
　　 이 모든 탐욕을 정복해 버린 사람,
　　 자신을 잘 절제하여 편안하고 굳건한 마음에 돌아간 사람은
　　 이 세상에서 올바른 구도자의 길을 가고 있는 것이다.

371. 신념이 있고 배움이 있는 현자가
　　 진리에 이르는 길을 분명히 보고
　　 무리들 속에 있으면서 저들에게 맹종하지 않는다면,
　　 그리고 야망과 미움과 분노를 잘 다스려 간다면,

그는 이 세상에서 올바른 구도자의 길을 가고 있는 것이다.

372. 보라, 순수한 이 사람을, 이 승리자를.
그는 이 세상의 베일을 모두 벗어 버리고
진리를 정복하여 저 언덕에 이르렀느니.
생존을 구성하는 이 모든 요인을 깊이 통찰한 그는
이 세상에서 올바른 구도자의 길을 가고 있는 것이다.

373. 과거나 미래에 대한 잘못된 계획을 부숴 버리고
다이아몬드 저 지혜로 눈부신 사람,
마음이 집착하는 이 모든 곳으로부터 벗어난 사람은
이 세상에서 올바른 구도자의 길을 가고 있는 것이다.

374. 궁극의 경지를 알고 진리를 깨달은 사람,
번뇌의 오염을 분명히 감지한 사람은
생존의 이 모든 구성요소를 부숴 버렸으므로
그는 이 세상에서 올바른 구도자의 길을 가고 있는 것이다.

375. 반기사 :
그렇습니다. 스승이여,
이렇게 스스로를 잘 다스리는 사람은
이 모든 구속으로부터 벗어나게 될 것입니다.
그리고 그는
이 세상에서 올바른 구도자의 길을 가고 있는 것입니다.

14. 제자 담미까의 물음

나는 이렇게 들었다.

어느때 스승은 사위성 기원정사에 머물고 있었다. 그때 담미까라는 제자가 500명의 다른 제자들과 함께 그를 찾아왔다. 담미까는 다른 제자들을 대표해서 스승에게 다음과 같이 물었다.

376. 예지로 빛나는 분이여, 우리는 당신께 묻습니다.
어떻게 해야 당신의 제자가 될 수 있습니까.
집을 버리고 방랑의 길손이 돼야 합니까.
아니면 집에 머물면서 착실한 생활인이 돼야 합니까.

377. 신들과, 이 세상 사람들의 하는 일과 그 목적을
당신은 다 알고 있습니다.
그래서 사람들은 당신을
가장 위대한 현자라 부르는 것입니다.

378. 당신은 모든 것을 다 알고 있습니다.
진리는 당신에 의해서 남김없이 드러나 버렸습니다.
모든 것을 보신 분이여,
당신은 이 어둠의 베일을 벗겼으며
살아 있는 것들에게 한없는 자비를 내리고 있습니다.
그리고 당신은 이 세상에서 가장 티없이 빛나고 있습니다.

379. 저 코끼리의 왕은

당신이 영혼의 승리자라는 것을 알고 당신을 찾아왔습니다.
당신의 말을 듣고 이렇게 말하며 돌아갔습니다.
「아, 아, 참 좋구나.」

380. 저 비사문천왕 꾸베라[38]도
또한 가르침을 듣기 위하여 당신에게 왔습니다.
현자여,
그가 물었을 때도 당신은 거기 알맞는 답을 줬습니다.
그 또한 당신의 말을 듣고 한없이 기뻐했습니다.

381. 제 아무리 말싸움을 잘하는 사람이라도,
어떠한 이교도라도,
지혜로써 당신을 능가할 자는 없습니다.
그것은 마치 선 채로 있는 사람이
급히 달려가고 있는 사람을 앞지를 수 없는 것과 같습니다.

382. 늙은 브라만 사제, 또는 중년의 브라만 사제,
그리고 젊은 브라만 사제,
그 외에 말싸움에 자신이 있는 어떤 사람이라도
모두들 당신을 통해서 보다 향상되려 하고 있습니다.

383. 스승이여, 당신이 체험하신 그 미묘한 진리를,
그 진리의 말을 우리는 지금 목말라 하고 있습니다.
가장 위대한 각자여, 우리의 물음에 답을 주십시오.

384. 우리들, 집을 떠난 수행자들(출가수행자)과

작은 장

이 세상에 머물고 있는 제자들[39]은
당신의 말을 듣고자 여기 모였습니다.
스승이여, 당신이 깨달으신 그 진리를 열어 보이소서.

385. 스승의 대답 :
수행자들이여, 듣거라.
번뇌를 제거하는 수행법을 그대들에게 말하겠노라.
그대들은 모두 이 가르침을 굳게 지켜야 한다.
목적을 향해 가는 생각 깊은 사람은
수행자에게 알맞는 그런 행동을 익혀야 한다.

386. 출가수행자[40]는 때 아닌 때에[41] 돌아다니지 말라.
정해진 때에[42] 밥을 얻으러 마을로 가라.
때 아닌 때에 돌아다니게 되면 집착에 얽매이기 때문이다.
그러므로 진리를 체험한 사람들[43]은 결코
때 아닌 때에 돌아다니지 않는다.

387. 이 모든 형상과 소리, 맛과 냄새와 감촉은
우리를 완전히 취하게 한다.
이것들에 대한 욕망을 잘 다스리고
정해진 때에 음식을 얻기 위하여 마을로 가라.

388. 정해진 때에 음식을 얻은 다음
조용한 곳에 가 홀로 앉아라.
자신의 내면을 잘 관찰하고
마음을 밖으로 나가지 못하게 하라.

389. 혹 다른 사람들과 이야기할 경우가 있다면
상대방에게 뛰어난 진리만을 이야기하라.
헐뜯는 말이나 남을 비난하는 말은 가능하면 하지 말아라.

390. 비난의 말을 듣고 곧잘 화를 내는 사람들이 있다.
현명하지 못하고 비좁은 이런 사람들을
우리는 결코 칭찬할 수 없느니,
사방에서 비난의 올가미가 그들을 잡으려 한다.
그들은 논쟁 속으로 그들의 마음을 모두 빼앗기고 만다.

391. 스승이 가르치신 진리의 말을 귀담아 듣고
음식과 주거지, 그리고 침구와 좌복, 세탁물 등을
잘 주의해서 쓰지 않으면 안 된다.

392. 그러므로 음식과 침구와 좌복,
그리고 세탁물, 이런 것들에 대하여
출가수행자는 지나치게 욕심을 내지 말아야 한다.
저 연잎 위에 구르는 물방울이
어떤 경우에도 더러워지지 않는 것같이.

393. 다음은 이 세상에 머물고 있는 제자들의 할 바를 말하리라.
내가 가르친 대로 실행하는 사람은
참으로 좋은 나의 제자니라.
그러나 출가수행자들을 위한 위의 규정을
이 세상에 머무는 그대들이 실천한다는 것은 힘든 일이다.

작은 장

394. 살아 있는 것을 죽여서는 안 된다.
또한 다른 사람을 시켜 죽이게 해서도 안 되고
다른 사람이 죽이는 것을 보고 묵인해 줘도 안 된다.
강한 자건 약한 자건
살아 있는 이 모든 것들에게 폭력을 쓰지 말라.

395. 그리고 주지 않는 것은 어떠한 것이라도
또는 어느 장소에 놓여 있든지
남의 것인 줄 알면 이것을 갖지 말아라.
또한 다른 사람을 시켜 갖게 해서도 안 되고
다른 사람이 훔치는 것을 보고 묵인해 줘도 안 된다.

396. 타오르는 불구덩이를 피하듯
현명한 사람은 순결하지 못한 생활을 피하라.
순결한 삶을 살 수 없다면
적어도 남의 아내(또는 남편)와의 죄는 짓지 말아야 한다.

397. 둘이 있을 때도 여럿이 같이 있을 때도
어느 누구에게도 거짓말을 해서는 안 된다.
또는 다른 사람을 시켜 거짓말을 해서도 안 되며
다른 사람이 거짓말하는 것을 묵인해 줘도 안 된다.

398. 이 가르침을 기뻐하는 재가(在家) 제자는
절대로 술에 취해서는 안 된다.
그리고 다른 사람을 시켜 술 취하게 해서도 안 되며
다른 사람이 술 취하는 것을 묵인해 줘도 안 된다.

그러므로 술은 마침내
사람을 미쳐 버리게 한다는 것을 잘 알아야 한다.

399. 술에 취하기 때문에 어리석은 자는 잘못을 저지르고
또한 다른 사람을 취하게 한다.
그러므로 이 실수를, 이 바보짓을 피하라.
어리석은 자가 되어 히히거리는 이 미친 짓을 어서 피하라.

400. 첫째, 살아 있는 어떤 생명체도 죽이지 말라.
둘째, 주지 않는 물건은 갖지 말라.
셋째, 거짓으로 말하지 말라.
넷째, 술을 지나치게 마시지 말라.
다섯째, 순결하지 못한 생각은 삼가라.
여섯째, 밤에 때 아닌 음식은 먹지 말라.

401. 일곱째, 옷을 너무 화려하게 입지 말고
향수를 너무 진하게 뿌리지 말라.
여덟째, 땅에 침구를 깔고 누워라(맨땅에 눕지 말라).
이것을 〈여덟 개의 절제〉(우포사다, 八戒)⁴⁴⁾라 하며
이 〈여덟 개의 절제〉를 통하여 모든 고통은 극복된다.

402. 특히 제 8일, 제 14일, 제 15일에는
아주 깨끗하고 경건한 마음으로
이 〈여덟 개의 절제〉를 잘 지켜야 한다.

403. 이 〈여덟 개의 절제〉를 잘 지킨 사람은

맑고 경건한 마음으로 다음날 아침 형편에 맞게
출가수행자들에게 음식을 베풀어야 한다.

404. 정직하게 번 재물로 부모를 봉양하고
올바른 직업[45]을 갖도록 하라.
이렇게 근면하고 성실하게 살아가는 사람은
이 생이 끝날 때 더 밝은 곳으로 나아가게 된다.

세번째

큰 장

세번째 큰 장[46]

1. 집을 버리다(出家)[47]

405. 지혜로운 이는 왜 집을 버렸는가.
그는 왜, 무슨 생각에서 미련없이 집을 나왔는가.
그가 집을 버린 그 내력을 여기 적으리라.

406. 이 집착의 생활은 고통이다.
번거롭고 복잡하여 그 마음에 이는 것은
오직 먼지뿐이다.
그러나 이 집착의 생활을 벗어나게 되면
우주 전체가 내 집이 된다.
이를 깊이 생각하고
그는 집 없는 구도자의 삶을 택한 것이다.

407. 이런 삶을 택하게 되면
몸이 저지르는 모든 잘못과
말의 실수가 더 이상 없게 되며
그리고 자신의 삶은 다시 순결하게 정화될 것이다.

408. 지혜로운 이는 마가다국의 수도,
산으로 에워싸인 곳 왕사성⁴⁸⁾으로 갔다.
기품도 늠름한 그분은
고행자의 생활을 하기 위하여 그곳으로 갔다.

409. 마가다국의 왕 빔비사라는
그의 궁전 옥상에서 그(부처)를 봤다.
풍채도 당당한 그를 보고 신하들에게 이렇게 말했다.

410. 그대들이여, 저 사람을 보라.
멋지고 장엄하고 수려한 사람이
모습도 당당하게 앞만 보며 가고 있다.

411. 그는 오직 아래만을 보면서 걸어가고 있구나.
저 사람은 필시 비천한 가문의 출신은 아닐 것이다.
그대들이여, 저 사람의 뒤를 따라가 보라.
어디로 가는지 잘 살펴보라.

412. 왕의 어명을 받은 사람들은 그의 뒤를 좇아갔다.
「그 수행자는 지금 어디로 가고 있는가.
그리고 어디쯤에서 살고 있는가」
이렇게 생각하면서.

413. 그는 몸을 잘 절제하면서
깊이 생각에 잠겨 흩어지지 않는 자세로
이집 저집 밥을 얻으러 다녔다.

414. 그는 탁발을 끝내고 시가지를 빠져나가서
  판다바 산으로 올라갔다.

415. 그가 그의 거처로 들어가는 것을 보고
  왕의 사자들은 그에게 가까이 갔다.
  그리고 그 중 한 명이 왕궁으로 돌아가 왕에게 이를 알렸다.

416. 전하, 그 수행자는 판다바 산의 동쪽에 있는
  한 동굴 속에서 호랑이처럼, 황소처럼,
  그리고 사자처럼 앉아 있습니다.

417. 이 말을 들은 대왕 빔비사라는
  장엄한 수레를 타고 급히 판다바 산으로 갔다.

418. 왕은 올라갈 수 있는 데까지 수레를 타고 올라갔다.
  길이 험하여 수레가 더 이상 올라갈 수 없는 데서부터는
  왕은 손수 수레에서 내려 걸어 그에게 가까이 갔다.

419. 왕은 먼저 그에게 반갑게 인사를 건넸다.
  인사가 끝나고 나서 잠시 후
  왕은 이렇게 말했다.

420. 수행자여, 그대는 아직 젊음으로 충만해 있다.
  이제 막 인생의 문에 들어선 젊은이여,
  그 용모가 단정한 것으로 보아
  그대는 필시 어느 고귀한 왕족임이 분명하다.

421. 나는 그대에게 군의 총사령관직을 주리라.
　　그리고 많은 재물을 주겠노라.⁴⁹⁾
　　내 선물을 즐거이 받아라.
　　젊은이여, 그대는 어느 가문에서 태어났느냐.

422. 스승의 대답 :
　　대왕이여, 저 히말라야의 산밑에
　　정직한 한 민족이 살고 있으니
　　이 민족은 예로부터 부(富)와 용기로 이름이 있는 민족이다.

423. 이 민족의 성은 〈태양의 후예〉⁵⁰⁾이며
　　석가족(釋迦族, Sakiya)으로 알려져 있다.
　　대왕이여, 나는 그 가문에서 태어났다.
　　그리고 내가 부귀영화를 버리고 수행자가 된 것은
　　결코 욕망을 충족시키고자 함이 아니다.

424. 욕망에는 필경 불행이 뒤따른다는 것을 나는 알았다.
　　이 욕망의 세상을 거부해 버린 그 행복을 만끽하면서
　　나는 부지런히 노력하며 나아갈 것이다.
　　그지없는 마음의 저 평안 속에서.

2. 최선을 다하라

425. 니련선하⁵¹⁾의 기슭에서
　　니르바나를 체험하기 위하여

나는 전력을 다하여 명상을 하고 있었다.

426. 그때 마라(악마)는
동정어린 말을 하면서 나에게 다가왔다.
고행자여, 그대는 몹시 야위었다. 안색도 좋지 않구나.
그대에게 죽음이 가까이 오고 있다.

427. 고행자여,
그대가 살아날 수 있는 가망성이란 전혀 없구나.
어떻게 하든지 살아나도록 하라.
소똥에 굴러도 이승이 좋다는 걸 너는 모르느냐.
이 목숨이 살아 있기 때문에 모든 선행을 할 수 있는 것이다.

428. 율법을 지키고 종교적으로 살아갈 때
그리고 번제의 불속에 공물(供物)을 바치는 것이야말로
가장 좋은 공덕을 쌓는 것이 아니겠느냐.
그토록 힘들게 명상을 하며 노력하고 있는 것이
도대체 무슨 의미가 있단 말이냐.[52]

429. 노력의 길이란
가기 힘들고 실천하기 힘들고 도달하기 힘들다.
- 이 시를 읊고 난 마라는 부처의 곁에 와 섰다.

430. 그러나 부처는 마라에게 이렇게 답했다.
오, 게으른 친구여, 이 간악한 자여,
그대가 여기에 온 목적은 무엇인가.

431. 그대가 말하는 그 좋은 공덕이란
그것이 아무리 좋다 하더라도
나에게는 더 이상 쓸모가 없다.
그런 것은 그런 것을 구하는 사람들에게 가서 말해 줘라.

432. 나에게는 신념[53]과 노력,
그리고 어떤 것에도 흔들리지 않는 지혜가 있다.
이토록 진지하게 노력하고 있는 나에게
그대는 어째서 생에 대한 애착을 권하고 있는가.

433. 불타는 이 바람[54]은 강물조차 말려 버릴 것이다.
니르바나를 얻기 위하여
이토록 노력하고 있는 내 몸의 피인들
어찌 마르지 않을 수 있겠는가.

434. 몸의 피가 마른다면 쓸개도 마를 것이며
담도 메말라 버릴 것이다.
살이 빠지면 그럴수록 마음은 고요해지리라.
그리고 나의 생각과 예지와 명상은
더욱더 견고해질 것이다.

435. 나는 이렇게 극심한 고통을 묵묵히 감수하고 있다.
그러므로 내 마음은 어떤 욕망에도 끌려가지 않는다.
보라, 내 존재의 이 순수를.

436. 그대의 제 1군단은 욕망이며

제 2군단은 혐오이며
제 3군단은 기갈이며
제 4군단은 집착이다.

437. 그리고 그대의 제 5군단은 피로와 수면이며
제 6군단은 공포심이요,
제 7군단은 의혹이며
제 8군단은 위선과 고집,

438. 그리고 그릇된 방법으로 얻은 이익과 명성이며
자신을 칭찬하고 남을 경멸하는 것이다.

439. 이것들이 바로 그대의 전 병력이며
검은 마의 침공군이다.
그러므로 뛰어나게 용감한 자가 아니면
너를 이겨낼 수 없느니.
그러나 용감한 사람은
그대의 공격을 이렇게 잘 막아내고 있다.

440. 슬프다, 이 삶이여.
그대에게 패배하고 사느니보다는
차라리 나는 저 죽음의 길을 택하겠노라.

441. 훌륭하고 장한 수행자들마저
이 세상의 유혹에 빠져서
더 이상 그 모습을 볼 수가 없다.

큰 장

그들은 진리로 가는 길을 알지 못한 채
이곳에서 저곳으로 헤매고 있다.

442. 저기 악마의 대군단이 사방에서 쳐들어오고 있다.
나는 그의 군대를 맞아 기꺼이 싸우리라.
그는 결코 나를 지금 이곳으로부터
단 한 발자국도 물러서게 하지는 못할 것이다.

443. 악마여, 사람들도 저 신들마저도
그대의 군대를 격파할 수는 없지만
그러나 나는 지혜의 힘으로써
그대의 군단을 쳐부수리라.
굽지 않은 질그릇을 돌로 쳐 깨버리듯.

444. 생각을 다스리고 주의력을 모으면서
나는 이 마을에서 저 마을로 끝없이 걸어가리라.
가르침을 듣고자 하는 이들을 이끌어 주면서.

445. 욕망으로부터 벗어나서
그들은 나의 가르침을 적극적으로 실행하리라.
그들은 저 니르바나의 세계로 가리라.
슬픔과 고뇌가 더 이상 닿지 않는 저곳으로.

446. 이 말을 듣고 악마는 말했다 :
나는 7년 동안이나 너를 좇아다녔다.
그러나 나는 너에게서 어떤 헛점도 발견할 수 없었다.

깨달음의 완벽한 경지에 이른 자여.

447. 어느날 까마귀 한 마리가
   큰 비계덩어리 같은 바위 주위로 접근해 왔다.
   까마귀는 바위 주위를 서성거리며 말했다.
   「아, 참 맛있는 고깃덩어리가 있구나.
   자, 어느 부분이 제일 연하고 맛있을까.」

448. 그러나 맛있는 먹이를 발견하지 못하자
   까마귀는 멀리 날아가 버렸다.
   바위를 먹이인 줄 알고 접근해 와서는
   그만 날아가 버리는 저 까마귀처럼,
   가자 애들아, 저 부처에게서 떠나가자.

449. 슬픔에 찬 마라의 옆구리로부터
   힘없이 비파가 땅으로 떨어졌다.
   그와 동시에 마라를 따라왔던 마(魔)의 무리들도
   새벽의 어둠처럼 그렇게 쓸려가 버리고 말았다.

3. 말을 잘하는 비결

나는 이렇게 들었다.
 어느때 스승은 사위성의 기원정사에 머물면서 출가수행자들에게 이렇게 말했다. 「수행자들이여, 다음의 네 가지 말들은 훌륭한 말이다. 네 가지 말만을 하게 되면 말로 인한 화근도 없으며 현자들에게도 전혀 비난받지 않는다.」

450. 가장 좋은 말을 하라. 이것이 그 첫번째다.
　　진리에 맞는 말을 하라. 이것이 그 두번째이다.
　　남의 감정을 상하는 말을 하지 말라. 이것이 그 세번째다.
　　진실을 말하라. 이것이 그 네번째다.

　그때 제자 반기사가 자리에서 일어나 스승에게 말했다. 「축복 받은 분이여, 문득 생각나는 말이 있습니다.」
　　스승 : 말하라 반기사여.

451. 반기사 :
　　자기 자신에게 고통을 주는 말이나
　　다른 사람을 해치는 말을 하지 말라.
　　이것이 말을 잘하는 비결이다.

452. 애정이 담긴 말을 하라.
　　그런 말을 사람들은 모두 원하고 있다.
　　죄악에 찬 말을 삼가고
　　다른 사람들에게 도움이 되는 말만 하라.

453. 진실은 불멸의 언어다.
　　이것은 영원의 법칙이다.
　　이 진실 위에, 그리고 이 최선(最善)과 정의 위에
　　보라, 올바른 사람들은 꿋꿋이 서 있다.

454. 니르바나의 저 언덕에 이르기 위해서,

숫타니파타

이 고뇌를 말려 버리기 위해서.
스승이여, 당신의 그 온화한 말은
그 모든 말 가운데 가장 위대한 말이 아닐 수 없습니다.

4. 불을 섬기는 사람, 순다리까

나는 이렇게 들었다.

어느때 스승은 코살라의 강언덕에 머물고 있었다. 마침 그때 브라만 순다리까는 강변에서 성화(聖火)를 피워 놓고 제사를 지내고 있었다. 제사가 끝나자 그는 일어나서 사방을 두루 보면서 이렇게 말했다. 「신에게 바치고 남은 이 음식을 누구에게 줄까.」

순다리까는 그때 멀지 않은 곳의 나무 밑에서 스승이 머리와 몸 전체를 천으로 두르고 앉아 있는 것을 봤다. 그래서 그는 왼손에 음식을 들고 오른손에는 물그릇을 들고 그에게 다가갔다.

그때 그는 순다리까의 발자국 소리를 듣고 머리에 썼던 천을 벗었다. 이를 본 순다리까는 이렇게 말했다. 「저 사람은 머리를 깎았다. 저 사람은 삭발한 사람이다.」[55] 그는 그냥 되돌아가려다 다시 이렇게 생각했다. 「브라만 사제들 가운데에서도 간혹 머리를 깎는 사람이 있다. 여하튼 저 사람에게 가서 그의 가계(家系)나 한번 물어보리라⋯⋯.」

순다리까는 그에게 가까이 가서 이렇게 물었다. 「수행자여, 당신은 어느 계급 출신인가.」 그는 순다리까에게 이렇게 답했다.

455. 나는 거룩한 사제도 아니요, 통치자도 아니다.

나는 서민도 아니며
또한 이 세상의 어느 계급에도 속하지 않았다.
그리고 나는 아무것도 가진 게 없지만
그러나 깊이 생각하면서 이 세상을 살아간다.

456. 허름한 옷을 걸치고 머리를 깎은 채
집 없이 나는 이 세상을 살아가고 있다.
이 세상에 살면서 오히려 거기 물들지 않고….
그러므로 브라만이여,
나에게 출신 성분을 묻는 것은 적당치 않다.

457. 순다리까 :
수행자여, 브라만이 다른 브라만을 만났을 때는
「당신은 브라만이 아닌가」하고 묻는 법이다.

스승 :
그대가 브라만이라면
브라만이 아닌 나에게 답해 보라.
나는 그대에게 사비티 찬가[56]를 물으리라.

458. 순다리까 :
성자들, 왕족들, 그리고 브라만 수행자들은
무엇 때문에 신에게 공물(供物)을 바치는가.

스승 :
진리를 깊이 체험한 사람에게

제사의 공물을 바치게 되면
그로 인하여 제사의 뜻은 잘 성취되리라.

459. 순다리까 :
수행자여, 나는 오늘 비로소 그런 사람을 만났으니
내 제사의 뜻이 완전히 성취되었네
이전에는 결코 당신과 같은 사람을 만나지 못했나니.

460. 스승 :
브라만이여, 그대는 바람이 있기 때문에
예까지 와서 이런 질문을 하고 있는 것이다.
진리에 대한 이해가 완벽한 사람,
분노와 고통, 그리고 욕망으로부터 자유로운 사람을
그대는 지금 여기서 비로소 발견한 셈이다.

461. 순다리까 :
수행자여, 나는 신에게 공물을 바치고자 한다.
그러나 나는 그 번제의 의미를 잘 알지 못하고 있다.
나에게 길을 가리켜 다오.
신에게 어떤 식으로 공물을 바쳐야만 보다 효과 있는가.

스승 :
브라만이여, 잘 듣거라.
지금부터 그대에게 그것을 말해 주리라.

462. 어느 계급의 출신인가를 묻지 말고 그 행위를 물어라.

큰 장

모든 장작으로부터 똑같은 불이 타오른다.
이와 마찬가지로
아무리 천한 계급에서 태어난 사람이라도
진리에 대한 굳은 신념이 있고
부끄러움을 알아서 자신을 잘 절제한다면
그는 가장 고귀한 사람이다.

463. 진리에 맞게 자기 자신을 잘 다스리는 사람,
진리의 뜻에 통달하여 구도자적인 자세로 살아가는 사람,
이런 사람에게 마땅히 공물을 바쳐야 한다.
복을 빌기 위하여 신에게 제사를 지내고자 한다면.

464. 저 모든 욕망을 버리고 집 없이 살아가는 사람,
자신을 잘 절제하여 비틀거리지 않는 사람,
이런 사람에게 마땅히 공물을 바쳐야 한다.
복을 빌기 위하여 신에게 제사를 지내고자 한다면.

465. 탐욕을 버리고 모든 감관을 너무 자극하지 않으며
달이 월식의 상태에서 벗어나듯,
그렇게 이 모든 것으로부터 벗어나 버린 사람,
이런 사람에게 마땅히 공물을 바쳐야 한다.
복을 빌기 위하여 신에게 제사를 지내고자 한다면.

466. 마음을 언제나 넉넉하게 가지며
〈내것〉이라는 이 집착을 모두 버린 사람,
그렇게 이 세상을 살아가는 사람에게

마땅히 공물을 바쳐야 한다.
복을 빌기 위하여 신에게 제사를 지내고자 한다면.

467. 욕망의 누더기를 벗어 버리고
훨훨 날듯이 살아가는 사람,
삶과 죽음의 이 끝을 통찰하여 편안에 돌아가서
맑고 푸르기가 저 호수와 같은 사람에게
순다리까여, 그대의 공물을 바쳐야 한다.

468. 완전한 경지에 이른 사람은 저 현자들처럼 올바르나니,
그에게는 무한히 솟구치는 예지가 있어서
이 세상의 어떤 것에도 물들지 않는다.
그러므로 그는 공물을 받을 자격이 있다.

469. 교만하지도 않고 집착하지도 않으며
노여움도 없고 거짓도 없이
그 마음은 잔잔한 호수 같아서
이 모든 근심의 때를 씻어 버린 사람은
당연히 공물을 받을 자격이 있다.

470. 그 마음속에 남아 있는 집착의 줄을 모두 끊어 버려서
그 어떤 것에도 걸리거나 잡히지 않는 사람은
당연히 공물을 받을 자격이 있다.

471. 마음을 가다듬은 그는 이 존재의 바다를 건넌다.
그리고 저 높은 예지에 의해서 진리를 알게 된다.

큰 장

욕망의 벽을 모두 부숴 버렸으므로
다시는 이 세상에 태어나지 않는 사람은
당연히 공물을 받을 자격이 있다.

472. 그는 생존에 대한 욕망과 거친 말을 모두 버렸다.
그는 진리에 통달했으므로
이 모든 것으로부터 자유로워졌다.
그러므로 이런 사람은 당연히 공물을 받을 자격이 있다.

473. 이 모든 속박을 털어 버린 사람,
그래서 더 이상 구속당하지 않는 사람,
오만한 자들 속에 있으면서 오만하지 않은 사람,
그리고 고통의 대상과 그 영역을 모두 통과해 버린 사람,
이런 사람은 당연히 공물을 받을 자격이 있다.

474. 니르바나를 체험하려는 열정을 포기하지 않는 사람,
주입식으로 배운 이 모든 논리나 이즘(主義)을 극복한 사람,
그리하여 그 어떤 것에도 붙잡히지 않는 사람은
당연히 공물을 받을 자격이 있다.

475. 이 모든 사물을 속속들이 꿰뚫어 보는 사람,
그래서 여기 더 이상 그것들로 인한 괴로움이 없는 사람,
니르바나 속에서 조용히 자유를 누리는 사람은
당연히 공물을 받을 자격이 있다.

476. 속박과 생존에 대한 이 집착을 없애 버리고

저 진리의 세계로 들어간 사람,
애욕의 길을 완전히 끊어 버렸으므로
가을같이 투명한 저 사람은
당연히 공물을 받을 자격이 있다.

477. 자신을 깊이 관찰한 사람
똑바르고 꿋꿋하고 넉넉한 사람,
그 마음씨가 거칠지 않으며
이 모든 불신감에서 벗어난 사람은
당연히 공물을 받을 자격이 있다.

478. 어리석을 수 있는 요인이 전혀 없는 사람,
이 모든 존재에 대한 뛰어난 통찰력을 가진 사람,
이 생으로써 영혼의 방황이 끝나는 사람,
그리고 완벽한 깨달음과 축복을 경험한 사람은
그로 인하여 그의 영혼이 한없이 깊게 승화되나니
이 사람은 당연히 공물을 받을 자격이 있다.

479. 순다리까 :
나는 오늘 비로소 당신과 같은 훌륭한 스승을 만났습니다.
나의 공물은 진실한 공물입니다.
저 하늘의 신은 이를 증명합니다.
고다마여, 나의 공물을 기꺼이 받아 주십시오.

480. 스승 :
순다리까여, 그대에게 구구히 내 입장을 설명해 주고

큰 장

그 대가로 얻은 이런 음식을 나는 먹지 않겠노라.
이는 주는 사람의 순수한 마음이 깃들지 않았기 때문이다.

481. 완벽한 사람, 위대한 성자,
욕망을 승화시켰으므로 더 이상 잘못을 저지르지 않는 사람,
이런 사람에게는 순수하게 음식을 줘야 한다.
그러면 거기 많은 보답이 있을 것이다.

482. 순다리까 :
그렇다면 이런 공물을 받을 수 있는 사람은 누구입니까.
이 공물을 받을 수 있는 사람은 어떤 사람입니까.

483. 스승 :
마음에 먼지가 일지 않고 투쟁심이 없는 사람,
그러나 그렇다고 결코 무기력하지 않은 사람,

484. 죄악을 정복하고 이 삶과 죽음을 꿰뚫어 본 사람,
예지에 찬 그런 성자가
제사 지내는 곳으로 다가오면,

485. 눈썹을 찡그리며 그를 맞지 말고 두손 모아 존경하라.
그리고 나머지 공물로 그를 대접하라.
그런 사람에게 공물을 주게 되면
그로 인하여 많은 보답이 있으리니.

486. 순다리까 :
스승이여, 당신이야말로 이 공물을 받을 자격이 있습니다.

당신에게 공물을 바치게 되면
　　이로 인하여 많은 보답이 있을 것을 믿어 의심치 않습니다.

　순다리까는 스승의 제자가 되었다. 그리고 머지않아 진리의 세계로 들어가 성자가 되었다. 그는 이렇게 말했다.
　「생존에 대한 집착은 이제 끝났다. 비로소 가장 높은 순결에 이르렀다. 해야 할 일은 다했다. 다시는 이 속박된 삶을 택하지 않을 것이다.」

5. 젊은 마가의 물음

　나는 이렇게 들었다.
　어느때 스승은 왕사성의 영취산에 머물고 있었다. 그때 〈마가〉라는 젊은이가 찾아와서 이렇게 물었다.
　「부처여, 나는 자선사업가입니다. 올바른 재산을 모은 다음 그 재물을 많은 사람에게 베풀어 주곤 합니다. 나의 이 자선행위는 과연 칭찬받을 만한지요.」
　스승 : 마가여, 그대는 실로 칭찬받을 만한 일을 하고 있구나. 올바르게 모은 재산을 가난한 사람에게 나눠 준다면 누구라도 그대처럼 칭찬받을 것이다.
　이 말을 듣고 마가는 물었다.

487. 자비하신 스승, 집 없이 살아가는 당신에게 묻습니다.
　　이 세상에 살면서 선행을 쌓기 위해 남을 도와주는 사람이

신에게 제사를 지낼 때
어떤 사람에게 바치는 공물이 가장 깨끗합니까.

488. 스승 :
마가여, 이 세상에 살면서 선행을 쌓기 위하여
다른 사람을 도와준다면
그는 그로 하여 번영하게 될 것이다.

489. 마가 :
그렇다면 어떤 사람을 도와줘야 합니까.
어떤 사람을 도와줘야 내 뜻이 성취되겠습니까.

490. 스승 :
아무데도 집착하지 않고 이 세상을 살아가며
아무것도 가진 것 없지만 자기를 잘 다스리는 사람이 있다.
이런 사람에게 적당한 때에 도움을 줘라.
복을 빌기 위하여 공양을 올리고자 한다면.

491. 이 모든 집착의 오랏줄을 끊어 버리고
고통과 욕망으로부터 자유로워진 사람들이 있다.
이런 사람에게 적당한 때에 도움을 줘라.
복을 빌기 위하여 공양을 올리고자 한다면.

492. 이 모든 집착의 오랏줄에서 풀려나
고통과 욕망으로부터 자유로워진 사람들이 있다.
이런 사람에게 적당한 때에 도움을 줘라.

숫타니파타

복을 빌기 위하여 공양을 올리고자 한다면.

493. 탐욕과 증오심을 버렸으므로 어리석지 않은 사람,
욕망의 벽을 모두 부숴 버리고
구도자의 자세로 살아가는 사람,
이런 사람에게 적당한 때에 도움을 줘라.
복을 빌기 위하여 공양을 올리고자 한다면.

494. 거짓노, 교만하시도, 시나치게 탐하는 일도 없으며
「이것은 내것이라」고 악을 쓰지도 않는 사람이 있다.
이런 사람에게 적당한 때에 도움을 줘라.
복을 빌기 위하여 공양을 올리고자 한다면.

495. 애욕의 숲속에서 길을 잃고 헤매는 일도 없이
이 존재의 흐름을 이미 건너가 버린 사람,
자기로부터 벗어나서 이 세상을 살아가는 사람이 있다.
이런 사람에게 적당한 때에 도움을 줘라.
복을 빌기 위하여 공양을 올리고자 한다면.

496. 이 세상에서도 저 세상에서도 그리고 어떤 세상에서도
변천하는 이 생존의 망집(妄執)을 모두 버린 사람이 있다.
이런 사람에게 적당한 때에 도움을 줘라.
복을 빌기 위하여 공양을 올리고자 한다면.

497. 이 모든 욕망을 버리고 집 없이 살아가며
자신을 잘 다스려서 대나무처럼 곧은 사람이 있다.

큰 장

이런 사람에게 적당한 때에 도움을 줘라.
복을 빌기 위하여 공양을 올리고자 한다면.

498. 탐욕을 떠나서 모든 감관을 너무 자극하지 않고
달이 월식의 상태에서 벗어나듯 자유로운 사람이 있다.
이런 사람에게 적당한 때에 도움을 줘라.
복을 빌기 위하여 공양을 올리고자 한다면.

499. 고요하고 넉넉한 곳으로 돌아가서 노여움과 탐욕을 버리고
이 생존의 모든 요인을 다 제거했으므로
다시는 이 괴로운 생존 속으로 들어오지 않는 사람이 있다.
이런 사람에게 적당한 때에 도움을 줘라.
복을 빌기 위하여 공양을 올리고자 한다면.

500. 삶도 버리고 죽음마저 깨끗이 버린 다음
의혹을 남김없이 정복해 버린 사람이 있다.
이런 사람에게 적당한 때에 도움을 줘라.
복을 빌기 위하여 공양을 올리고자 한다면.

501. 쥐불알 하나도 가진 게 없지만
그러나 자기 자신을 등불로 삼아
이 세상을 잘 살아가는 사람이 있다.
이 모든 관계에서 멀리 떠나가 버린 사람이 있다.
이런 사람에게 적당한 때에 도움을 줘라.
복을 빌기 위하여 공양을 올리고자 한다면.

502. 「나에게 있어서는 이 생이 최후의 삶이다.
 이제 더 이상 이 괴로운 삶을 받지 않을 것이다」라고
 이 세상을 살면서 분명히 통찰해 버린 사람이 있다.
 이런 사람에게 적당한 때에 도움을 줘라.
 복을 빌기 위하여 공양을 올리고자 한다면.

503. 이 모든 것을 성취한 사람,
 명상 속에서 넉넉해 하며 생각이 깊고
 그리하여 마침내 저 깨달음에까지 이른 사람,
 그래서 많은 사람들이 그를 의지하려는 사람이 있다.
 이런 사람에게 적당한 때에 도움을 줘라.
 복을 빌기 위하여 공양을 올리고자 한다면.

504. 마가 :
 내 물음이 결코 헛되지 않았다는 것을 나는 알았습니다.
 스승이여, 당신은 나에게
 헌물을 받을 자격이 있는 사람들에 대해서 말해 줬습니다.
 진리를 속속들이 알고 있듯이
 당신은 이 세상에 대해서도 남김없이 통찰하고 있습니다.

505. 이 세상에서 복을 빌기 위하여 공양을 올리는 사람이
 다른 사람에게 도움을 주려고 할 경우
 어떻게 하면 보다 값지고 보람있는
 베풂이 될 수 있겠습니까.

506. 스승 :

마가여, 먼저 공양을 올려라.
공양을 올리기 전에 그 마음을 깨끗이하고
흩어진 마음을 한군데로 모아야 한다.
그리고 그대 마음에 끼어 있는 먼지를 모두 털어내야 한다.

507. 탐욕에서 떠나라. 미움에서 떠나라.
그리고 한없는 자비심을 일으켜라.
밤이나 낮이나 게으름을 피우지 말고
그 자비의 마음이 이 누리 누리 넘쳐흐르게 하라.

508. 마가 :
번영하는 사람은 누구며 자유로운 사람은 누구입니까.
그리고 누가 속박을 당하고 있습니까.
어떻게 하면 인간은 좋은 곳에 가서 태어날 수 있습니까.
스승이여, 가르침을 내리십시오.
나는 지금 〈좋은 곳에서 오신 분〉을
내 눈으로 보고 있습니다.
빛나는 분이시여, 우리가 어떻게 하면
저 좋은 곳에 가서 태어날 수 있습니까.

509. 스승 :
마가여, 정성스럽게 공양을 올리고
형편에 따라 남을 도와줘라.
도움을 청하는 사람을 기꺼이 도와줘라.
이렇게 올바른 공양을 올리는 사람은
기필코 좋은 곳에 가서 태어나게 될 것이다.

이 말을 듣고 마가는 말했다.
참 감명 깊은 말입니다. 당신은 어둔 밤의 등불입니다.
당신으로 하여 진리를 볼 수 있는 내 눈이 떠졌습니다.
나를 이 세상에 사는 당신의 제자로 받아 주십시오.

6. 방랑하는 구도자, 사비야

나는 이렇게 들었다.
어느때 스승은 왕사성 죽림정사(竹林精舍, Veluvana)⁵⁷⁾에 있는 다람쥐 기르는 곳에 머물고 있었다. 그때 방랑하는 구도자 사비야에게 신이 나타나서 말했다.

「사비야여, 방랑하다가 그대의 물음에 명확한 답을 하는 사람을 만나거든 그 사람 곁에서 구도의 길을 가거라.」

사비야는 이 말을 듣고 그 당시 이름 있는 여섯 사람을 찾아갔다. 이들은 모두 그 당시 이름을 떨치던 구루(스승)들이었다. 이들 중에는 한 종교의 교주도 있었고 많은 구도자들을 통솔하는 우두머리도 있었고 브라만 사제도 있었고 많은 사람들에게 존경받는 성자도 있었다. 그러나 이들은 모두 사비야의 물음에 만족할 만한 답을 주지 못했다. 또 어떤 이는 사비야의 물음에 화를 내거나 못마땅한 표정을 지었으며 불안해 하기도 했다. 뿐만 아니라 사비야에게 도리어 반문하는 사람까지도 있었다.

그래서 사비야는 이렇게 생각했다.

「내가 찾아갔던 사람들은 모두 훌륭한 사람들이었다. 대중들로부터 성자라고 추앙받고 있는 사람들이었다. 그러나 내 물음에 만

큰 장

족할 만한 답을 주는 사람은 아무도 없었다. 아니 그런 걸 묻는다고 오히려 언짢아 하고 반문까지 하다니…. 차라리 이 세속에 묻혀 살면서 욕망이나 마음껏 충족시켜야겠다.」

그래서 마지막으로 사비야는 고다마 스승(부처)을 찾아가기로 했다.

「내가 찾아갔던 사람들은 모두 이 시대의 가장 훌륭한 성자들이었으며 나이도 지긋했다. 그럼에도 불구하고 제대로 만족할 만한 답을 주지 못했는데, 수행자가 된 지도 그리 오래지 않은 저 사람이 과연 만족할 만한 답을 줄 수가 있을까.」

사비야는 미심쩍어 하며 스승을 찾아왔다. 와서 이렇게 물었다.

510. 알고자 하는 바가 있어서 예까지 왔습니다.
내 물음에 정확한 답을 주기 바랍니다.

511. 스승:
사비야여, 무엇이 궁금하여 예까지 왔느냐.
자, 그대의 의문을 모두 풀어 주리라.
그대의 물음에 적절하고 명확한 답을 주리라.

512. 사비야여, 그대 마음속에 생각하고 있는 것을 물어봐라.
그 의문의 매듭을 하나하나 풀어 주리라.
이 말을 듣고 사비야는 기뻐했다.
「고다마 스승은 역시 훌륭하구나.
다른 이들은 제대로 물어볼 기회조차 잘 주지도 않았는데
그는 나에게 그 기회를 주고 있구나.」

513. 사비야:
집을 나온 수행자(비구)란 어떤 사람을 두고 하는 말입니까.
어떻게 하면 자비로운 사람이 될 수 있습니까.
자신을 절제하려면 어떻게 해야 합니까.
그리고 어떤 사람을 〈깨달은 이〉(부처)라 부릅니까.

514. 스승:
스스로 자신의 길을 만들어 감으로써
완전한 저 행복에 이른 사람,
의혹의 그물을 모두 걷어 버리고
생존과 소멸의 차원에서 떠난 사람,[58)]
그리고 다시는 이 미망(迷妄)의 세계에 태어나지 않는 사람,
이런 사람을 일러 〈집을 나온 수행자〉(비구)라 한다.

515. 언제나 양보하고 생각이 깊기 때문에
그는 이 세상의 어떤 생명도 해치지 않는다.
존재의 흐름을 이미 건너 편안에 이른 그에게는
어떠한 욕망이나 야망도 더 이상 있을 수 없다.
그리고 그에게는 한없이 퍼지는 자비의 마음이 있다.

516. 안으로나 밖으로나 모든 감관을 잘 다스리며
이 세상의 모든 것을 다 통찰함으로써
여유자적한 기분으로 죽음을 맞을 수 있는 사람,
이런 사람은 자신을 잘 절제하는 사람이다.

517. 존재의 소멸과 생성,

그리고 이 모든 시간과 그 회전을 깊이 통찰한 후에
영혼의 오염된 상태로부터 자유로워진 사람,
고뇌 속으로의 재탄생을 철저히 파괴해 버린 사람,
이런 사람을 일러 〈깨달은 이〉라 부른다.

518. 사비야:
어떤 사람을 〈거룩한 수행자〉라 합니까.
〈구도자〉란 누구입니까.
〈깨끗한 사람〉은 누구입니까.
그리고 〈죄 없는 사람〉이란 어떤 사람입니까.

519. 스승:
이 모든 악(惡)을 물리쳐서 때묻지 않았으며
마음을 잘 가다듬어 굳게 지켜 가는 사람,
삼사라, 이 윤회(輪廻)속을 통과한 후
완벽한 경지에 이르러 철저히 구애받지 않는 사람,
그를 일러 〈거룩한 수행자〉라 한다.

520. 편안하고 넉넉한 사람, 선과 악을 모두 버린 사람,
이승과 저승을 다 알아 버린 사람,
그래서 삶과 죽음을 모두 정복해 버린 사람,
이런 사람을 〈구도자〉라 한다.

521. 안으로나 밖으로나 모든 죄악을 씻어낸 후에
시간에 지배되고 있는 신들(Demigods)과
인간 속에 있으면서

오히려 시간의 지배 속으로 들어가지 않는 사람,
이런 사람을 〈깨끗한 사람〉이라 한다.

522. 이 세상에서 어떤 종류의 죄도 더 이상 짓지 않는 사람,
모든 속박을 내던져 버렸으므로
어떤 것에도 달라붙지 않는 사람,
이렇듯 자유로운 이를 일러 〈죄 없는 사람〉이라 한다.

523. 사미아 :
진정한 의미에서 〈위대한 정복자〉는 누구입니까.
어떻게 하면 〈행복한 자〉가 될 수 있습니까.
〈현명한 자〉는 누구이며
〈성자〉가 되려면 어떻게 해야 합니까.

524. 스승 :
신의 차원과 인간의 차원,
그리고 이 모든 차원을 깊이 통찰한 후에
이 모든 차원의 근본적인 속박으로부터 벗어난 사람을
진정한 의미에서의 〈위대한 정복자〉라 한다.

525. 신의 곳집(창고)[59]과 인간의 곳집,
그리고 이 모든 곳집을 깊이 통찰한 후에
이 모든 곳집의 근본적인 속박으로부터 벗어난 사람을
진정한 의미에시의 〈행복한 자〉라 한다.

526. 내면적으로도 외면적으로도

이 모든 의식(意識)을 깊이 통찰한 후에
예지로움으로 빛나고 있는 사람,
선과 악을 모두 제압해 버린 사람,
이런 사람을 일러 〈현명한 자〉라 한다.

527. 내적으로나 외적으로나
〈옳음〉과 〈옳지 않음〉을 분명히 파악했으므로
인간과 신들의 존경을 받으며
집착의 그물을 뚫고 나온 사람,
그를 일러 〈성자〉라 하는 것이다.

528. 사비야 :
무엇을 얻은 사람을 일러 〈진리를 아는 사람〉이라 합니까.
어떻게 하면 모든 걸 다 알 수 있습니까.
〈부지런히 힘쓰는 자〉가 되려면 어찌해야 합니까.
〈가문이 좋은 자〉는 누구입니까.

529. 스승 :
감각적인 모든 것을 정복한 사람,
그리하여 감각의 차원을 뚫고 지나가 버린 사람,
진리의 모든 것을 이미 다 알고 있는 사람,
이런 사람을 일러 〈진리를 아는 사람〉이라 한다.

530. 내적으로는 명칭과 형태의 착각을 통찰하고
외적으로는 그 병의 근원을 깊이 관찰하여
이 모든 병의 근원인 속박으로부터 자유롭게 된 사람,

숫타니파타

이런 사람을 일러 〈모든 것을 다 아는 사람〉이라 한다.

531. 이 세상의 모든 죄악이 싫어서
저 지옥의 고통을 정복해 버린 사람,
그래서 막강하고 꿋꿋한 사람,
이런 사람을 일러 〈부지런히 힘쓰는 자〉라 한다.

532. 내적으로나 외적으로나
집착의 근원인 모든 속박을 끊어 버리고
동시에 이 모든 집착의 근원인 속박으로부터 벗어난 사람,
이런 사람을 일러 〈가문이 좋은 자〉라 한다.

533. 사비야 :
무엇을 얻은 사람을 두고 〈학식 있는 사람〉이라 합니까.
어떻게 하면 〈뛰어난 사람〉이 될 수 있습니까.
계율을 잘 지키려면 또 어떻게 해야 합니까.
〈방랑하는 수행자〉는 누구입니까.

534. 스승 :
완전한 것과 불완전한 것 등
이 세상의 모든 것을 통달한 다음
그 모든 것을 정복한 사람,
그래서 더 이상 의혹이 있을 수 없는 사람,
영혼의 자유를 얻은 사람, 번뇌에 시달리지 않는 사람을
〈학식 있는 사람〉이라 한다.

큰 장

535. 무분별한 열정과 욕망을 버린 현자는
　　　이 중생계에 태어나기 위하여
　　　다시는 자궁 속으로 들어가지 않는다.
　　　그리고 저 모든 나쁜 생각과 욕망의 대상을 버린 그는
　　　두 번 다시 이 시간의 속박 속으로 들어오지 않는다.
　　　이런 사람을 일러 〈뛰어난 사람〉이라 한다.

536. 당당하게 모든 것을 실천하며 능력이 있고
　　　진리를 알기 때문에 어떤 것에도 집착하지 않는 사람,
　　　그리고 남을 해치려는 마음이 조금도 없는 사람,
　　　이런 사람을 일러 〈계율을 잘 지키는 사람〉이라 한다.

537. 위로도 아래로도 옆으로도 가운데로도
　　　결과적으로 고통을 받을 수 있는 행위를
　　　전혀 하지 않는 사람,
　　　모든 것을 진리 속에서 행하는 사람,
　　　거짓과 교만, 탐욕과 분노,
　　　그리고 명칭과 형태를 정복하고
　　　가장 높은 성취에 이른 사람,
　　　그를 일러 〈방랑하는 수행자〉라 한다.

이 말을 들은 사비야는 스승을 향해서 이렇게 노래했다.

538. 지혜 깊으신 이여,
　　　당신은 모든 구도자들이 열띤 논쟁을 벌이고 있는
　　　저 〈63종의 철학적 견해〉[60]를 정복했습니다.

그래서 당신은 마침내 무지(無知)의 물결을 건너갔습니다.

539. 당신은 고통을 넘어서신 분,
니르바나, 저 영원의 언덕에 이르신 분입니다.
당신은 성자요, 완전한 깨달음을 성취하신 분입니다.
당신은 번뇌의 먼지를 남김없이 털어 버리셨습니다.
영광에 찬 분, 생각이 깊고 예지로 빛나는 분이여,
인간의 이 고뇌를 끝마치신 분이여,
당신은 나를 마침내 니르바나, 저 언덕으로 인도했습니다.

540. 당신은
내 마음에 이는 의혹의 안개를 모두 걷어 주었습니다.
성자여, 당신에게 바치는 이 복종을 받으십시오.
지혜의 길에서 가장 높은 성취에 이른 분이여,
태양의 후예여, 당신의 가슴은 연민으로 가득 차 있습니다.

541. 내 마음에 남아 있던 의혹이
당신의 답으로 하여 말끔히 씻겨 나갔습니다.
당신이여, 가장 깊고 밝게 보시는 분이여,
당신이야말로 완벽한 깨달음을 성취하신 분입니다.
당신에게는 이제 어떤 방해도 있을 수 없습니다.

542. 당신의 고뇌는 모두 부숴져 버렸습니다.
가을 같은 분이여,
당신은 자신을 잘 절제합니다.
그리고 꿋꿋하고 성실하게 행동하시는 분입니다.

큰 장

543. 영웅이여, 아니 영웅 가운데 영웅이여,
　　 당신이 말할 때는 저 하늘의 모든 신들도
　　 우리와 함께 기뻐합니다.

544. 고귀하신 분이여, 당신에게 경배합니다.
　　 가장 높으신 분이여, 당신에게 경배합니다.
　　 신들과 인간 속에서
　　 이제 당신에게 견줄 자는 아무도 없습니다.

545. 당신은 부처, 당신은 스승입니다.
　　 당신은 현자, 악마의 정복자입니다.
　　 욕망을 끊은 후에 당신은
　　 우리를 니르바나, 저 언덕으로 인도했습니다.

546. 생존을 구성하는 근본요소(물질)는 당신에 의해서 극복됐고
　　 미친 욕망의 바다는 당신에 의해서 잔잔해졌습니다.
　　 당신은 사자, 번뇌의 오염에서 벗어나신 분.
　　 공포와 두려움은 당신의 발밑에서 깨어져 버렸습니다.

547. 저 연꽃에는 물이 달라붙지 않듯이
　　 선과 악, 어느 곳에도 당신은 휩쓸리지 않습니다.
　　 자, 내게로 발을 펴십시오.
　　 사비야가 당신의 발에 절하고자 합니다.

　사비야는 스승의 발에 절하고는 또 이렇게 말했다.

　　참으로 훌륭하십니다.

넘어진 자를 일으켜 주듯
당신은 여러 가지 방법으로 진리를 밝혀 줬습니다.
지금부터 나 사비야는 당신의 제자가 되어
당신의 가르침에 따르고자 합니다.

사비야는 그후 저 높은 깨달음을 성취했다.

사비야 :
이것이 인간으로서의 마지막 삶이다
구도자의 생활은 이미 완성되었고 해야 할 일은 다했다.
이제 두 번 다시 이런 생존을 택하지 않을 것이다.

7. 브라만 셀라 이야기

나는 이렇게 들었다.
어느때 스승은 1,250명의 제자(수행자)들과 같이 앙구따라 지방의 아빠나로 가셨다. 마침 장발의 고행자 케니야는 이 소문을 듣고 이렇게 생각했다.「석가족의 아들인 고다마는 일찍이 집을 버리고 집 없는 수행자들과 함께 아빠나에 왔다. 〈진실한 사람〉, 〈지혜와 행동력을 구비한 사람〉, 〈축복받은 사람〉, 〈이 세상을 다 아는 사람〉, 〈최고의 인간〉, 〈위대한 정복자〉, 〈신과 인간의 스승〉, 〈눈이 열린 사람〉이 드디어 아빠나에 왔다. 진리를 깊이 체험한 후 그는 신들과 악마를 비롯하여 이 세상의 모든 생명들에게 가르침을 펴고 있다. 그가 가르치고 있는 진리는 처음에도 좋

큰 장

고 중간에도 좋고 마지막에도 좋다.

　그의 가르침 속에는 풍부한 어휘와 많은 의미가 깃들여 있으며 그가 가르치고 있는 구도자의 삶은 많은 성자들이 또한 권장하고 있는 바다.」

　케니야는 스승이 있는 곳으로 왔다.

　그는 스승에게 인사를 한 다음 곁에 앉았다. 스승은 그에게 진리를 이야기해 주며 격려했다. 그는 스승에게 말했다.「스승이여, 제자들과 함께 내일 점심을 초대합니다. 우리집에 오셔서 내일 점심을 드십시오.」

　스승 : 케니야여, 수행자들은 1,250명이나 되는 대집단이다. 그리고 그대는 브라만 수행자들을 섬기고 있지 않느냐.

　케니야 : 스승이여, 그런 것에 신경을 쓰지 마십시오. 당신의 제자 1,250명과 함께 내일 점심을 저희집에 오셔서 드시기 바랍니다.

　스승 : 그러나 케니야여, 우리 식구는 1,250명이나 되는 대집단이며 그대는 브라만 사제들을 섬기고 있는 이교도가 아니냐.

　케니야 : 스승이여, 그런 것을 전혀 개의치 마십시오. 당신의 제자들과 함께 내일 점심을 저희집에 와서 드시기 바랍니다.

　스승은 묵묵히 그의 초대를 받아들였다. 그는 집으로 가서 집안 사람들과 친구들에게 말했다.「고다마 스승과 그의 제자들을 내일 점심에 초대했다. 일손이 모자라니 여러분들도 모두 같이 거들어 주기 바란다.」

　사람들은 솥을 걸기도 하고 장작을 패기도 하고 그릇을 씻기도 하며 준비에 바빴다. 케니야는 손수 천막을 치고 있었다. 그런데 케니야의 집에서 멀지 않은 곳에 〈셀라〉라는 브라만 사제가 살고 있었다. 셀라는 모든 베다에 통달했으며 당시의 모든 학문과 예술에도 깊은 조예가 있었다. 셀라는 또한 관상학에도 달통한 사람이었다. 그는 300명의 제자들에게 베다 경전을 가르치고 있었다. 케니야도 이 셀라의 제자였다.

셀라는 그때 베다 공부를 끝내고 산보하는 도중에 케니야의 집 부근에까지 왔다. 셀라는 케니야의 집안이 온통 잔치 준비로 들떠 있는 것을 보고 물었다. 「무슨 큰 경사가 났는가. 아들의 결혼식을 준비하는가. 아니면 빔비사라 왕과 그의 군대를 초대했는가.」

케니야 : 아들의 결혼식 준비를 하는 게 아닙니다. 또한 빔비사라 왕을 초대하지도 않았습니다. 그러나 큰 경사가 있는 것만은 사실입니다. 석가족의 왕자 고다마는 집을 버리고 출가수행자가 되어 1,250명의 다른 수행자들과 함께 방금 아빠나에 도착했습니다. 그는 참으로 훌륭한 성자요, 눈을 뜬(깨달은) 사람입니다. 그래서 나는 고다마와 그의 동료 1,250명을 내일 점심에 초대했습니다.

셀라 : 케니야여, 너는 그를 〈눈을 뜬 사람〉이라 부르는가.

케니야 : 그렇습니다. 나는 그를 〈눈을 뜬 사람〉이라 부릅니다.

셀라는 이 말을 듣고 속으로 이렇게 생각했다.

「눈을 뜬 사람을 만나기란 참으로 어려운 일이다. 그리고 위대한 사람이 되려면 서른두 가지의 특징(三十二相)을 갖춰야 한다. 이를 갖춘 사람이 이 세상에 머물 경우 그는 전륜성왕(轉輪聖王)[61]이 되어 모든 나라를 지배할 것이다. 무기를 사용하지 않고 오직 정의만으로 모든 나라를 다스릴 것이다. 그러나 그런 특징을 갖춘 사람이 집을 버리고 수행자의 길을 간다면 마침내 깨달음을 얻게 될 것이다. 그리고 모든 무지(無知)의 베일을 벗겨 버릴 것이다.」

큰 장

셀라 : 고다마는 지금 어디 있는가.

케니야 : (오른쪽을 가리키며) 저쪽의 저 숲속에 머물고 있습니다.

셀라는 300명의 제자들을 데리고 고다마가 있는 숲으로 갔다. 그는 그의 생도들에게 말했다.

「자, 발소리를 내지 말고 조용히 나를 따라오너라. 위대한 성자는 사자와 같이 홀로 걷는 자이며 접근하기가 힘들기 때문이다. 내가 저 고다마와 이야기하는 도중에 말참견을 해서는 안 된다. 하고 싶은 말이 있더라도 내 말이 끝날 때까지 기다려야 한다.」

셀라는 스승에게 가까이 가서 인사를 한 다음 곁에 앉았다. 그리고는 스승의 몸에 서른두 가지 위인의 특징이 있는지를 살펴봤다. 그런데 스승에게는 다만 두 가지 특징을 제외하고는 서른 가지 위인의 특징이 모두 갖춰져 있었다. 그러나 나머지 두 가지 특징을 볼 수 없었으므로 그는 스승을 진정한 성자로 믿을 수가 없었다. 그 두 가지 특징은 모두 몸속에 감춰져 있는 것이었기 때문이다.

셀라의 이 마음을 읽은 스승은 불가사의한 영적인 힘(기적)을 통해서 그 자신의 몸속에 감춰져 있는 것[62]을 셀라에게 보여주었다.

그리고 다음으로 혀를 내어서 양쪽 귓구멍을 핥고 얼굴 전체를 핥았다.[63] 그러나 이를 보고도 셀라는 이렇게 생각했다.

「고다마는 서른두 가지 위인의 특징을 다 갖췄다. 그러나 그가 정말로 깨달음을 얻은 스승인지 아닌지는 속단할 수 없다. 깨달음을 얻은 스승은 칭찬을 받게 되면 그 자신의 정체를 드러낸다는 말을 들은 일이 있다. 자, 어디 한번 고다마를 추켜 올려 보자.」

그래서 셀라는 다음의 찬시(讚詩)를 읊었다.

548. 고다마여, 당신은 완전한 육체를 가지신 분입니다.
당신의 몸에서는 황금의 빛이 빛나며
백옥 같은 치아를 가지셨습니다.
당신의 몸은 생명의 에너지로 파도치고 있습니다.

549. 훌륭한 사람의 특성이
모두 당신의 몸에 갖춰져 있습니다.

550. 당신의 눈은 깊은 가을 호수와 같습니다.
당신의 몸은 알맞게 균형 잡혀 있어서
수행자들 가운데에서도 태양과 같이 빛나고 있습니다.

551. 당신은 보기에도 참 멋진 수행자입니다.
빛나는 피부를 가지신 당신이,
뛰어난 용모를 갖추신 당신이,
어째서 집 없는 수행자의 길을 택하셨습니까.

552. 당신은 전륜성왕이 되어야 합니다.
대군(大軍)을 호령하고 천하를 정복하여
전 세계의 지배자가 돼야 합니다.

553. 왕이나 대신들은 당신에게 충성을 바칠 것입니다.
고다마여, 왕 중의 왕이 되소서.
전 세계의 황제가 되어 군림하소서.

큰 장

554. 스승:
   셀라여, 나는 분명히 황제다.
   그러나 진리의 황제라는 것을 명심하기 바란다.
   나는 오직 진리로써 온 천하를 다스릴 것이다.
   그 누구도 반격할 수 없는 이 무적의 무기로….

555. 셀라:
   당신은 지금 당신 자신을
   〈깨달음에 이른 자〉라고 자칭하고 있습니다.
   고다마여, 당신은 지금 이렇게 말하고 있습니다.
   「나는 진리의 황제, 진리로써 이 세상을 지배하겠다.」

556. 그렇다면 누가 당신의 장군입니까.
   당신의 상속자인 수제자는 또 누구입니까.
   당신이 굴리던 그 진리의 바퀴를
   당신의 뒤를 이어 당신 대신 굴릴 사람은
   도대체 누구입니까.

557. 스승:
   셀라여, 내가 굴리는 이 진리의 바퀴,
   더없는 이 진리의 바퀴는
   사리불(舍利弗, sariputta)이 대신 굴릴 것이다.
   그는 나의 뒤를 이어 나타난 나의 후계자다.

558. 셀라여, 알지 않으면 안 될 것을 나는 알았다.
   수련하지 않으면 안 될 것을 나는 수련했다.

끊지 않으면 안 될 것을 나는 이미 끊어 버렸다.
그러므로 나는 완벽하게 〈깨달음을 얻은 자〉(부처)다.

559. 나에 대한 의심을 버려라. 그리고 나를 믿어라.
진정한 〈깨달음을 얻은 사람〉을 만나기란
그리 쉬운 일이 아니라는 것을 명심하라.

560. 〈깨달음을 얻은 사람〉이
이 세상에 출현한다는 것은 좀처럼 드문 일이다.
내가 바로 그 사람이다.
그대들이 기다리고 있는 〈부처〉가 바로 나다.
나는 번뇌의 화살을 뽑아 버린 자, 가장 정직한 구제자이다.

561. 나는 이제 유일자(唯一者)와 하나가 되었다.
나와 견줄 자는 아무도 없다.
나는 악마의 군대를 격파하고 모든 적들을 항복시켰다.
그러므로 언제 어디서나 나는 기쁨에 젖어 있다.

562. 셀라는 300명의 생도들에게 말했다 :
제자들아, 눈을 뜬 사람의 말에 귀를 모아라.
그는 번뇌의 화살을 뽑아 버린 성자, 위대한 영웅이다.
마치 정글 속의 사자가 포효하는 것 같구나.

563. 신성한 자, 뛰어난 자, 악마의 군단을 격파한 자,
당신을 보고 누군들 믿는 마음이 나지 않겠는가.

564. 자, 나를 따르고 싶은 사람은 내 뒤를 따르라.

큰 장

그리고 나를 따르고 싶지 않은 사람은 돌아가거라.
나는 예지의 빛으로 눈부신 분의 뒤를 따르는
수행자가 되겠다.

565. 셀라의 생도들이 말했다 :
완전한 깨달음을 얻으신 분의 가르침을
선생님께서 그리 기뻐하시니
우리들 또한
예지로 빛나는 분의 뒤를 따르는 수행자가 되겠습니다.

566. 셀라 :
이 300명의 브라만 생도들도 당신의 뒤를 따르고자 합니다.
고다마 스승이여,
우리 모두는 당신 곁에서 구도자의 길을 가고자 합니다.

567. 스승 :
셀라여, 구도자의 길을 나는 잘 알고 있다.
그런 삶은 즉시 보람 있는 결과를 가져올 것이다.
부지런히 진리를 배우는 사람이 집을 버린 수행자가 되어
구도자의 길을 가는 것은
결코 헛되고 쓸모없는 일이 아니다.

이렇게 하여 셀라 일행은 스승의 뒤를 따르는 수행자가 됐다.
한편 장발의 고행자 케니야는 밤새도록 맛있는 음식들을 마련한 다음 스승에게 왔다. 「고다마여, 식사 준비가 다 되었습니다.」 스승은 당신을 따르는 많은 수행자들과 함께 케니야의 집으로 갔

다. 케니야는 수행자들에게 손수 음식을 날라다 주었다. 식사가 다 끝나자 그는 스승의 옆에 낮게 앉았다. 스승은 다시 시(詩)로써 자신의 기쁨을 노래했다.

568. 불속에 바치는 공양[64]은 제사 가운데 최상의 제사요,
사바티 찬가는 베다의 시구(詩句) 가운데 최상의 시구다.
왕은 인간 속에서 최고의 지위에 있는 자요,
바다는 모든 물 가운데 최상의 것이다.

569. 달은 뭇 별 가운데 으뜸이요,
태양은 빛나는 것 가운데 제일이다.
공덕을 쌓기 위하여 공양을 올리는 사람에게 있어서는
수행자의 집단이야말로 가장 좋은 복의 밭(福田)이다.

부처는 이 시를 읊고 케니야에게 기쁨의 표시를 한 다음 가던 길을 다시 갔다. 한편 셀라는 300명의 동료들과 함께 열심히 수행에 전념했다. 그리하여 마침내 진리의 가장 심층부에 이르게 되었다. 그와 그의 동료들도 모두 눈뜬 사람, 성자가 되었다.

그후 셀라들은 스승을 찾아가서 이렇게 노래했다.

570. 스승이여, 눈뜨신 분이여,
8일 전에 우리는 당신의 제자가 됐습니다.
그리고 7일 만에 우리는
당신의 가르침대로 실천하게 됐습니다.

571. 당신은 부처, 당신은 스승, 당신은 악마의 정복자,

당신은 번뇌의 흐름을 끊어 버린 분,
생존의 이 바다를 이미 건너간 다음
다른 이들도 모두 이 고통의 바다를 건너가게 하시는 분.

572. 생존의 이 구성요소는 당신에 의해서 정복됐고
번뇌의 미친 불길도 당신에 의해서 잡혔습니다.
당신은 마치 어떤 것에도 집착하지 않는
저 밀림의 사자와 같습니다.
이 모든 두려움과 공포는 당신에게 버림 받았습니다.

573. 우리 300명의 수행자들은 합장하고 여기 이렇게 섰습니다.
영웅이여, 진리의 왕이여, 어서 그 발을 펴십시오.
우리들은 모두 당신의 발에 이마를 대어 절하고자 합니다.

8. 화 살 [65]

574. 인간의 목숨은 예측할 수 없고
언제까지 살지 알 수도 없다.
그리고 살아가는 동안에도
괴로움은 언제나 그림자처럼 뒤따른다.

575. 살아 있는 존재는 죽음을 피할 수 없다.
늙으면 이윽고 죽음이 오나니
이것이 바로 살아 있는 것들의 운명이다.

576. 익은 과일은 빨리 떨어진다.
　　 이처럼 살아 있는 것들은 죽지 않을 수 없나니
　　 그들에게는 언제나 죽음의 검은 공포가 있다.

577. 제 아무리 잘 구워낸 도자기라도
　　 마침내는 모두 깨어져 버리고 말듯
　　 인간의 목숨 또한 이와 같은 것.

578. 젊은이도, 늙은이도, 어리석은 자도, 현명한 자도,
　　 죽음 앞에는 모두 무릎 꿇는다.
　　 모든 사람은 반드시 죽어야 한다.

579. 사람들은 죽음에게 붙잡혀서
　　 저 세상으로 가고 있지만
　　 그러나 아버지도 그 아들을 구할 수 없고
　　 친척도 그 친척을 구할 수 없다.

580. 보라, 친척들이 지켜보며 슬퍼하는 가운데
　　 사람들은 도살장으로 끌려가는 소처럼
　　 하나씩 하나씩 사라져 가고 있다.

581. 이처럼 사람들은 죽음과 늙음의 해를 입는다.
　　 그러므로 현명한 사람은 이를 잘 알아서
　　 무작정 슬퍼하지 말아야 한다.

582. 우리는 온 곳도 모르고 가는 곳도 모른다.
　　 탄생과 죽음의 이 양끝을 모르면서

왜 그리 구슬피 울고만 있는가.

583. 어리석음에 붙잡혀 자신만을 해치고 있는 사람이
슬피 우는 것으로써 무슨 이익을 얻을 수 있었다면
현명한 이도 또한 그렇게 했을 것이다.

584. 슬피 우는 것만이 문제의 해결책은 아니다.
울면 울수록 거기 괴로움만 따를 뿐,
몸은 점점 더 야위어 간다.

585. 슬퍼하면 그럴수록 몸은 야위고 추하게 되나니
운다고 해서 죽은 사람이 되살아나는 것도 아니다.
그러므로 슬퍼하고만 있는 것은 아무런 이익이 없다.

586. 언제까지나 언제까지나 슬픔에 젖어 있으면
괴로움만이 괴로움만이 더할 뿐이다.
죽은 사람을 위해 지나치게 슬퍼하는 것은
가는 슬픔을 또다시 부르는 짓이다.

587. 보라,
사람들은 자기가 지은 그 업(業)에 따라 죽어가고 있다.
살아 있는 것들은 모두 죽음의 포로가 되어
저렇듯 공포와 두려움에 떨고 있구나.

588. 사람들은 여러 가지로 생각해 보지만
그러나 그 결과는 처음 뜻과는 전혀 다르다.
사라져 가는 것의 운명이란 모두 이와 같으니

이를 가슴 깊이 새겨야 한다.

589. 우리가 비록 백 년을 넘게 산다 해도
마침내는 친지들을 떠나서
이 생명을 버려야 할 날이 온다.

590. 그러므로 훌륭한 이의 가르침에 귀를 기울여라.
사람이 죽어 없어지는 것을 보면
「그는 이미 우리의 힘이 미칠 수 없는 곳으로 갔다」
이렇게 생각하고 그 슬픔을 거둬야 한다.

591. 집에 붙은 불을 물로 꺼버리듯
지혜롭고 현명한 사람은 슬픔이 이는 것을 재빨리 꺼버린다.
바람이 솜을 저 멀리멀리 날려 보내듯.

592. 자신의 진정한 행복을 추구하는 사람은
번뇌의 화살을 뽑아 버려야 한다.
비탄과 고뇌와 불만에 찬 그 화살을.

593. 이 화살을 뽑아 버린 사람은
그 어떤 것에도 의존하는 일 없이
마음의 평화를 얻게 될 것이다.
그리고 이 모든 슬픔을 극복한 다음
더없는 저 축복의 경지에 이르게 될 것이다.

큰 장

9. 젊은이 바세타

나는 이렇게 들었다.

어느때 스승은 이차남갈라 마을의 숲속에 머물고 있었다. 그런데 이 마을에는 부유한 브라만들이 많이 살고 있었다.

바세타와 바라드바쟈라는 이 마을의 브라만 출신 청년 둘이 어느날 산책 도중 다음과 같은 말싸움을 하게 되었다.

「어떻게 해야만 참된 브라만[66]이 될 수 있겠는가.」

바라드바쟈 : 어머니 쪽이나 아버지 쪽 양쪽의 혈통이 모두 7대 조상에 이르기까지 비난받을 일이 전혀 없는 순수한 모태에서 태어난 사람, 이런 사람을 참된 브라만이라 할 수 있다.

바세타 : 자신을 잘 다스릴 줄 아는 수행을 쌓는다면 이것이 참된 브라만의 길이 아니겠는가.

그러나 두 사람은 서로가 서로를 설득할 수 없었다. 그래서 바세타는 바라드바쟈에게 말했다.

「친구여, 석가족의 출신인 수행자 고다마가 지금 이곳에 와 있다. 고다마는 스승이다. 우리 가서 그에게 물어보자.」

두 사람은 스승에게 왔다. 바세타가 이렇게 물었다.

594. 우리는 베다에 통달한 현자입니다.
    저(바세타)는 포카라사티라는 브라만의 제자이고
    이 친구(바라드바쟈)는 타루카[67]라는 브라만의 제자입니다.

595. 그러므로 베다에 기록된 가르침을

우리는 모두 알고 있습니다.
뿐만 아니라 베다의 문장과 어휘에도 정통했으며
특히 베다의 암송은 우리들 선생님을 앞지르고 있습니다.

596. 고다마여, 우리 두 사람은 어쩌다가
⟨출신 성분의 차별⟩에 관해 말싸움을 하게 됐습니다.
「브라만은 출신 성분에 의해서 결정된다」고
바라드바쟈는 주장하고 있습니다.
그러나 나는 생각하고 있습니다.
「참된 브라만은 행위에 의해서 결정된다」고.

597. 우리 두 사람은 서로가 서로를 설득할 수 없었습니다.
그래서 이를 해결하려고 당신을 찾아왔습니다.
당신은 자타가 공인하는 ⟨스승⟩이기 때문입니다.

598. 보름날 밤이 되면
사람들은 저 달을 향해 절을 합니다.
그처럼 세상 사람들은 당신을 향해 절을 하고 있습니다.

599. 이 세상의 눈으로서 오신 당신, 부처에게 묻습니다.
브라만 혈통에서 태어남으로써 브라만이 됩니까.
아니면 그 행위에 의해서 브라만이 됩니까.
우리로 하여금 이를 분명히 알도록
친절한 가르침을 내려 주시기 바랍니다.

600. 스승 :

바세타여, 그대들을 위해서
지금부터 모든 생물의 종(種, species)에 따른
그 구별을 설명하리라.
그들의 종은 여러 가지로 많기 때문이다.

601. 풀이나 나무들은
그들 자신을 나타내 보이려 하지 않지만
그러나 그들은 그들을 구성하고 있는
그 종(species)에 따라 구별된다.
그들의 종은 여러 가지로 많기 때문이다.

602. 다음으로 구더기, 귀뚜라미로부터 개미에 이르기까지도
종의 구별이 있음을 알아야 한다.
그들의 특징은 그들을 구성하고 있는 종에 따라 구별된다.
그들의 종은 여러 가지로 많기 때문이다.

603. 작은 짐승, 큰 짐승, 네발 짐승에 이르기까지도
종의 구별이 있음을 알아야 한다.
그들의 특징은 그들을 구성하고 있는 종에 따라 구별된다.
그들의 종은 여러 가지로 많기 때문이다.

604. 배를 땅에 대고 기어가는 등이 긴 짐승(뱀)에게도
종의 구별이 있음을 알아야 한다.
그들의 특징은 그들을 구성하고 있는 종에 따라 구별된다.
그들의 종은 여러 가지로 많기 때문이다.

605. 물에서 태어나 물에서 사는 물고기에게도
종의 구별이 있음을 알아야 한다.
그들의 특징은 그들을 구성하고 있는 종에 따라 구별된다.
그들의 종은 여러 가지로 많기 때문이다.

606. 두 날개를 펴고 허공을 나는 새들에게도
종의 구별이 있음을 알아야 한다.
그들의 특징은 그들을 구성하고 있는 종에 따라 구별된다.
그들의 종은 여러 가지로 많기 때문이다.

607. 이들, 생물에게는 종에 따라 그 특징도 여러 가지로 다르다.
그러나 인간에게는
결코 태생(種)에 따른 그 특징이 있을 수 없다.

608. 머리칼에도, 머리에도, 귀에도, 눈에도,
입에도, 코에도, 입술에도, 눈썹에도,

609. 머리에도, 어깨에도, 배에도, 등에도,
엉덩이에도, 유방에도, 음부(陰部)에도,
그리고 성교(性交)할 때도,

610. 손에도, 발에도, 손가락과 손톱에도, 무릎에도,
허벅지에도, 용모에도, 음성에도,
그들을 구성하고 있는 종의 특징에 따른 차이가
인간에게는 결코 존재하지 않는다.

611. 몸을 가지고 태어난 생물에게는

큰 장

모두 그들의 종에 따라 현격한 차이가 있지만
그러나 인간에게는 이같은 차이가 있을 수 없다.
그러므로 인간과 인간 사이에 차별을 두는 것은
다만 그 명칭에 의해서일 뿐이다.

612. 밭 갈고 씨 뿌리면서 살아가는 사람을
우리는 농부라고 부르지
브라만이라 부르지는 않는다.

613. 갖가지 기술을 익혀 생활하는 사람을
우리는 기술공이라고 부르지
브라만이라 부르지는 않는다.

614. 물건을 사고 팔면서 살아가는 사람을
우리는 상인이라고 부르지
브라만이라 부르지는 않는다.

615. 다른 사람의 손발 놀음을 하면서 살아가는 사람을
우리는 비서라 부르지
브라만이라 부르지는 않는다.

616. 도적질을 해서 생계를 꾸려가는 사람[68]을
우리는 도둑이라 부르지
브라만이라 부르지는 않는다.

617. 무기를 다루면서 살아가는 사람을
우리는 군인이라 부르지

숫타니파타 3

브라만이라 부르지는 않는다.

618. 제사 지내는 것으로 업을 삼아 살아가는 사람이 있다면
그는 제관이지 브라만은 아니다.

619. 마을과 도시, 그리고 국토를 장악하는 사람을
우리는 〈통치자〉(王)라 부르지
브라만이라 부르지 않는다.

620. 그의 혈통 때문에, 출신 성분 때문에,
나는 결코 그를 브라만이라 부르지 않는다.
그는 아마 부자일지도 모른다.
그러나 쥐뿔도 가진 게 없는 사람,
그러면서도 전혀 집착의 마음이 없는 사람을
나는 진정한 브라만이라 부른다.

621. 이 모든 속박을 끊어 버리고 두려움에 떨지 않는 사람,
구속을 모두 털어 버린 사람,
그런 사람을 나는 진정한 브라만이라 부른다.

622. 증오심과 애착, 그리고 잘못된 철학적 견해를 놓아 버리고
무지(無知)를 부숴 버린 사람,
그런 사람을 나는 진정한 브라만이라 부른다.

623. 특별한 잘못도 없는데 비난을 받거나 구타당하고
심지어는 구속되는 일이 있더라도
이를 능히 참고 견딜 줄 아는 사람,

어떤 비바람에도 결코 흔들리지 않는 사람,
그런 사람을 나는 진정한 브라만이라 부른다.

624. 분노로부터 자유로운 사람,
고행을 몸소 실천하고 욕망을 더 불리지 않으며
감각을 잘 다스리는 사람,
영혼의 방황이 이 생으로써 끝나는 사람,
이런 사람을 나는 진정한 브라만이라 부른다.

625. 연잎 위에 이슬같이, 송곳 끝의 겨자씨[69] 같이
감각적인 쾌락에만 잡히지 않는 사람을
나는 진정한 브라만이라 부른다.

626. 이 세상에서 자신의 고뇌를 모두 부숴 버린 사람,
인생의 무거운 짐을 벗어 버린 사람,
그래서 어디에도 붙잡히지 않는 사람,
이런 사람을 나는 진정한 브라만이라 부른다.

627. 예지의 빛으로 눈부신 사람, 현명한 사람,
진실의 길과 거짓의 길을 잘 아는 사람,
그래서 최고의 경지(니르바나)에 도달한 사람,
이런 사람을 나는 진정한 브라만이라 부른다.

628. 세속인과 출가수행자, 그 어느 쪽에도 소속되지 않고
집 없이 떠도는 저 사람,
바람이 적은 저 방랑의 고행자를 일러

나는 진정한 브라만이라 부른다.

629. 강한 것이건 약한 것이건
살아 있는 일체의 것에 대해서 폭력을 휘두르지 않으며
죽이지도 않고 죽임을 당하지도 않는 사람,
이런 사람을 나는 진정한 브라만이라 부른다.

630. 적의로 가득 차 있는 자들 속에 있으면서 적의가 없으며
폭력을 휘두르는 자들 속에 있으면서 마음이 온화한 사람,
집착하는 자들 속에 있으면서도 집착하지 않는 사람,
이런 사람을 나는 진정한 브라만이라 부른다.

631. 겨자씨가 송곳 끝에서 굴러 떨어지듯
애착과 증오와 거만심,
그리고 위선을 모두 떼어 버린 사람을 일러
나는 진정한 브라만이라 부른다.

632. 거칠지 않으며 말을 진실하게 하는 사람,
말로 다른 사람의 감정을 상하게 하지 않는 사람,
이런 사람을 나는 진정한 브라만이라 부른다.

633. 이 세상에서 긴 것이거나 짧은 것이거나
미세한 것이거나 거친 것이거나
깨끗한 것이거나 깨끗지 못한 것이거나
여하튼 주지 않는 물건을 갖지 않는 사람,
이런 사람을 나는 진정한 브라만이라 부른다.

큰 장

634. 현세의 부귀영화를 꿈꾸지도 않고
　　　내세의 편안을 바라지도 않으며
　　　어느 곳에도 사로잡히지 않는 사람,
　　　이런 사람을 나는 진정한 브라만이라 부른다.

635. 구속당하지 않으며 일체를 깨달아서 의혹이 없는 사람,
　　　저 영원(니르바나)의 심층부에 이른 사람,
　　　이런 사람을 나는 진정한 브라만이라 부른다.

636. 이 세상의 행복이나 불행,
　　　그 어느 쪽에도 애착을 두지 않으며
　　　근심하지 않고 때묻지 않고 순수한 사람,
　　　이런 사람을 나는 진정한 브라만이라 부른다.

637. 구름 걷힌 달과 같이 청아하고 맑아
　　　탁한 기운이 없는 사람,
　　　환락의 생활을 모두 청산해 버린 사람,
　　　이런 사람을 나는 진정한 브라만이라 부른다.

638. 이 장애와 험한 길,
　　　그리고 영혼의 방황과 미망의 꿈을 깨어나서
　　　마침내 저 영원(니르바나)의 언덕에 이른 사람,
　　　깊이 명상에 잠겨 욕정에 휘말리는 일이 없는 사람,
　　　늘 바다와 같은 사람을
　　　나는 진정한 브라만이라 부른다.

숫타니파타

639. 이 세상의 욕망을 끊어 버리고
　　 집을 나와 끝없이 떠도는 사람,
　　 그리하여 감각적인 생활을 깨끗이 끝낸 사람을
　　 나는 진정한 브라만이라 부른다.

640. 이 세상의 집착을 끊어 버리고
　　 집을 나와 끝없이 떠도는 사람,
　　 그리하여 감각적인 생활을 깨끗이 끝낸 사람을
　　 나는 진징한 브라만이라 부른다.

641. 인간의 굴레를 벗어 버리고
　　 하늘의 굴레[70]마저 벗어 버린 다음
　　 이 모든 굴레를 남김없이 벗어 버린 사람,
　　 이런 사람을 일러 나는 진정한 브라만이라 부른다.

642. 이 세상의 쾌락과
　　 산속의 고요한 삶에 대한 바람마저 모두 버린 사람,
　　 그래서 그 깨끗하기가 가을같이 깊은 사람,
　　 어떤 올가미에도 걸리지 않는 사람,
　　 전 세계를 지배하는 이 진리의 정복자를
　　 나는 진정한 브라만이라 부른다.

643. 존재의 탄생과 소멸을 모두 아는 사람,
　　 그러므로 어떤 것에도 매달려 가지 않는 사람,
　　 눈을 뜬 사람, 진정한 행복에 이른 사람,
　　 이런 사람을 일러 나는 진정한 브라만이라 부른다.

큰 장

644. 인간은 물론이고 저 하늘의 신들과 이 땅의 귀신들마저
　　그 행방을 전혀 알 수 없는 사람,
　　번뇌의 오염을 씨까지 말려 버린 사람,
　　이런 사람을 나는 진정한 브라만이라 부른다.

645. 과거에도 현재에도 미래에도
　　단 한 물건도 소유하지 않았으므로
　　그의 소유라고는 털끝 하나도 가진 게 없는 사람,
　　어떤 것도 붙잡으려 하지 않는 사람,
　　이런 사람을 나는 진정한 브라만이라 부른다.

646. 황소와 같이 당당하고 기상이 높은 사람,
　　진리의 정복자, 위대한 성자, 그리고 승리자,
　　더 이상 바람이 없는 사람,
　　그리하여 마침내 눈을 뜬 사람 고다마,
　　그를 일러 나는 진정한 브라만이라 부른다.

647. 까마득한 생(生)을 알고
　　천상과 지옥을 두루 보고 있는 사람,
　　이 생존을 모두 부숴 버린 사람을 일러
　　나는 진정한 브라만이라 부른다.

648. 〈김〉이라는 성씨와 〈아무개〉라는 이름은
　　임시로 붙여진 명칭에 지나지 않는다.
　　그대가 이 세상에 태어났을 때
　　그대 부모들이 의견을 모아

임시로 붙여준 성명 석 자(三字)에 지나지 않는다.

649. 그러나 이름이란 임시 명칭에 지나지 않는다는 것을
아직 알지 못하고 있는 사람들은
오랫동안 그릇된 편견에 사로잡혀 있다.
무지한 그들은 이렇게 말하고 있다.
「인간이란 그 출신 성분에 따라 브라만이 되는 것이다.」

650. 출신 성분에 의해서 브라만이 될 수 있는 것도 아니며
출신 성분에 의해서 브라만이 될 수 없는 것도 아니다.
인간은 그 행위에 의해서 브라만이 될 수도 있고
또한 그 행위에 의해서 브라만이 될 수 없을 수도 있다.

651. 행위에 의해서 농부가 될 수도 있고
엔지니어가 될 수도 있다.
행위에 의해서 장사치가 될 수도 있고
고용인이 될 수도 있다.

652. 행위에 의해서 도적이 될 수도 있고
군인이 될 수도 있다.
행위에 의해서 제관이 될 수도 있고
통치자가 될 수도 있다.

653. 이같이 현자는
인간의 모든 행위를 있는 그대로 보고 있다.
그는 인과법칙을 보며

큰 장

인간의 모든 행위와 그 결과를 알고 있다.

654. 행위에 의해서 이 세상은 존재하며
행위에 의해서 인간이 존재하는 것이다.
그리고 살아 있는 뭇 존재는 또
이 행위 때문에 구속당하고 있는 것이다.
앞으로 굴러가는 수레가 그 축(軸)에 매여 있듯.

655. 고행에 의해서 구도적인 삶에 의해서
그리고 자신의 수련과 절제에 의해서
인간은 가장 훌륭한 브라만이 되는 것이다.

656. 옛 성인들이 남긴 그 진리에 통달한 사람,
조용한 그 마음속에
생존에 대한 집착이 모두 말라 버린 사람,
바세타여,
이런 사람이야말로 가장 훌륭한 브라만이 아니겠느냐.

스승의 이 가르침을 들은 두 청년은 깊이 감동했다. 여러 가지 비유를 들어 스승을 찬탄한 다음 그들은 스승의 제자가 되었다.

10. 비난하는 사람, 꼬깔리야

나는 이렇게 들었다.
어느때 스승은 사위성의 기원정사에 머물고 있었다. 그때 수행자 꼬칼리야는 스승에게 와서 이렇게 말했다. 「고다마여, 사리불과 목련[71]은 나쁜 생각을 하고 있습니다. 그들은 지금 나쁜 욕망에 사로잡혀 있습니다.」

이 말을 듣고 스승은 그에게 말했다.

「꼬칼리야여, 그렇게 말하지 말라. 사리불과 목련을 믿으라. 사리불과 목련은 온화한 사람들이다.」

그러나 그는 다시 이렇게 말했다.

「고다마여, 나는 당신을 내 스승으로서 신뢰하고 있습니다. 그러나 사리불과 목련은 믿을 수가 없습니다. 그들은 지금 악한 욕망에 사로잡혀 있습니다.」

스승은 다시 그에게 말했다.

「꼬칼리야여, 제발 그런 말은 하지 말라. 사리불과 목련을 믿기 바란다. 사리불과 목련은 절대 그런 사람들이 아니다.」

그러나 그는 세번째로 말했다.

「고다마여, 나는 당신을 내 스승으로 믿고 의지하고 있습니다. 그러나 저 두 사람은 지금 나쁜 생각을 하고 있습니다. 나쁜 욕망에 사로잡혀 있습니다.」

스승은 세번째로 이렇게 답했다.

「꼬칼리야여, 그렇게 말하지 말라. 사리불과 목련을 믿으라. 이 두 사람은 결코 그런 사람들이 아니다.」

그러나 그는 아무 말도 하지 않고 스승의 곁을 떠나 버렸다. 그가 스승의 곁을 떠난 후 오래지 않아 그의 전신에는 겨자씨만한 종기가 돋기 시작했다. 처음에는 겨자씨만하던 것이 점차로 녹두알만하게 커졌다. 녹두알만하던 것이 이번에는 콩알만하게 커졌다. 콩알만하던 것이 대추씨만해졌고, 대추씨만하던 것이 아말라

큰 장

까 열매만해졌고, 아말라까 열매만하던 것이 익지 않은 파파야만
했고, 익지 않은 파파야만하던 것이 마침내는 익은 파파야만해졌
다.

그 종기가 터지면서 피고름이 마구 쏟아져 나왔다.

그는 이 때문에 결국은 목숨을 잃고 말았다. 그는 사리불과 목
련에게 원한을 품고 있었기 때문에 죽어서 지옥에 떨어졌다.

그때 이 세상을 창조한 신은 자정이 지날 무렵 기원정사 전체
를 비추면서 스승에게 다가와서 이렇게 말하고는 이내 사라졌다.

「높으신 분이여, 꼬깔리야는 죽었습니다. 그는 사리불과 목련
에게 원한을 품었기 때문에 죽어서 지옥에 떨어졌습니다.」

그 이튿날 스승은 다른 수행승들에게 이 사실을 알렸다. 그러
자 한 수행승이 물었다.

「높으신 분이여, 지옥의 고통받는 기간은 얼마나 됩니까?」

스승은 말했다.

「수행자여, 지옥의 기간은 아주 길다. 그러므로 인간이 만든 숫
자로는 헤아리기가 여간 어렵지 않다.」

657. 인간이 이 세상에 태어날 때
그의 입속에서는 도끼도 함께 태어난다.
어리석은 자는 악한 말을 함부로 지껄여서
그 도끼로 그 자신을 찍는다.

658. 마땅히 비난해야 할 사람을 칭찬하고
칭찬해야 할 사람을 비난하는 자는
그의 입속에 죄악만 가득 쌓고 있다.

숫타니파타

이 죄악 때문에 그는 결코 진정한 기쁨을 찾을 수 없다.

659. 노름판에서 재물을 잃는 사람은
비록 자기 자신을 포함해서[72] 모든 것을 다 잃는다 해도
그 불행이란 그렇게 큰 것이 아니다.
그러나 훌륭한 성자에게 악의를 품는 사람이
받아야 하는 그 불행이야말로
참으로 무거운 것이 아닐 수 없다.

660. 나쁜 말과 나쁜 뜻을 일으켜서 성자를 헐뜯는 사람은
지옥에 들어가서 기나긴 고통을 받게 된다.

661. 거짓을 말하는 사람은 지옥에 떨어진다.
또 어떤 짓을 하고도
「나는 절대로 하지 않았다」고 시치미를 떼는 사람도
마찬가지다.
이들은 모두 비열한 자들로서
죽어서 저 세상에 가서는 같은 운명을 받게 될 것이다.

662. 해치려는 마음이 없고 악한 욕구가 전혀 없는 사람을
공연히 미워하고 있는 저 어리석은 자는
반드시 좋지 못한 결과를 받게 될 것이다.
그는 지금 바람을 거슬러서 먼지를 뿌리는 것과 같다.

663. 탐욕으로 눈이 어두운 자는 말로써 곧잘 남을 헐뜯는다.
그는 전혀 믿음이 없고 인색하며 불친절하고 비겁하다.

큰 장

그는 입을 함부로 놀려대고 있다.

664. 그 말이 천박하고 불성실하고 비천한 자여,
살아 있는 생명을 함부로 죽이고
악행을 서슴없이 자행하는 자여,
유치하고 불길하고 무능력한 자여,
그대는 함부로 주둥아리를 놀려대고 있구나.
그대는 이제 기나긴 세월 동안
깊은 구렁(지옥)에 떨어져 살게 될 것이다.

665. 그대는 지금 남의 불행에 부채질을 하고 있다.
그대는 또 진실한 사람들을 비난하고 있다.
그대는 수많은 악행을 서슴없이 저지르고 있다.
그러므로 그대는 지옥에 떨어져 오랫동안 고통을 받게 된다.

666. 그대가 저지른 죄악은 결코 사라지지 않는다.
그것은 반드시 그대에게로 되돌아오게 된다.
어리석은 자는 죄악을 저지른 다음
저 세상에 가서 그 죄악으로 하여 고통을 받게 된다.

667. 그대는 쇠꼬챙이에 꿰이고 서슬이 퍼런 창살에 찔리게 된다.
또 불에 단 쇠구슬을 먹게 되지만
이는 이 세상에서 그대가 지은 그 죄악의 결과니라.

668. 지옥에서는 그 누구도 부드러운 말을 해주지 않으며
그 누구도 반갑게 맞아주지 않는다.

숫타니파타

그리고 그 고통으로부터 피해 쉴 곳은 아무데도 없다.
그대는 벌겋게 단 숯불 위에 놓이며
타오르는 불길 속으로 들어가게 된다.

669. 또 그곳에서는 철망으로 그대를 잡아서
철퇴로 사정없이 후려치나니
그대는 짙은 어둠 속으로 정처없이 가고 있구나.
온 누리를 덮고 있는 이 무지의 심연 속으로.

670. 그대는 또 펄펄 끓는 가마솥 속으로 들어간다.
그 가마솥 속에서 오랫동안 삶기면서
그대 몸은 떴다 가라앉았다 하고 있구나.

671. 피고름으로 뒤섞인 가마솥 속에
죄를 지은 사람은 삶기게 되며
어느 쪽으로 허우적거리며 가더라도
그대에게 닿는 것은 피와, 썩은 피와 고름뿐이다.

672. 구데기들이 우글거리는 가마솥 속에서
죄를 지은 사람은 삶기우게 되나니
밖으로 나오려 해도 붙잡을 가장자리가 없다.
가마솥은 둥근 볼처럼 되어 있어서
위와 아래가 도시 한 모양이기 때문이다.

673. 서슬이 퍼런 칼나무 숲이 있는데
그 속으로 들어가는 자의 손발은 마디마디 잘리게 된다.

큰 장

지옥의 옥졸들은 쇠갈고리로
그대의 혀를 찍어서 길게 잡아 늘이며 후려치고 있구나.

674. 저 지옥으로 가는 자들은
건너기 어려운 베따라니 강[73]에 이르게 된다.
예리한 면도칼의 날[74]이 이 강의 물결로 흐르고 있는데
어리석은 자, 죄를 지은 자들은 모두 이 속으로 빠지게 된다.

675. 검게 얼룩진 갈가마귀 떼들이
슬피 울고 있는 그들을 쪼아먹는다.
그리고 개와 늑대, 날카로운 독수리들[75]이
마구 달려들어 그들의 남은 살을 찢어 먹는다.

676. 죄를 지은 사람이 받는 지옥의 삶이란
이렇듯 비참하기 이를 데 없다.
그러므로 사람은 이 세상의 남은 삶을
참으로 값지게 살아가지 않으면 안 된다.
빈둥거리며 허송세월이나 보내서는 안 된다.

677. 「지옥에 떨어진 자의 그 고통받는 기간은
한 수레분의 참깨알과 같다」고
지혜로운 이들은 이렇게 말했다.
즉 그것은 5천조 년하고도
1천만 년의 1,200배나 되는 기간이다.

678. 여기에서 언급된 지옥의 고통이

한없이 긴 세월 동안 계속된다 하더라도
그대는 이 지옥의 고통 속에 머물지 않으면 안 된다.
그러므로 인간은 맑고 따뜻하고 훌륭한 덕을 쌓기에
언제나 게으르지 말아야 한다.
그 말과 마음씀을 언제나 조심하지 않으면 안 된다.

11. 홀로 가는 수행자, 날라까

서시(序詩)

679. 예언자 아시타는 보았다.
   많은 신들이
   그들의 옷을 흔들며 찬양하고 있는 것을.

680. 춤추며 기뻐하고 있는 저 신들에게
   예언자 아시타는 물었다 :
   「신들이여, 무엇 때문에 그렇게 기뻐하고 있는가.
   웃옷을 벗어 흔들며 지금 무엇을 찬양하고 있는가.」

681. 아수라(Asura, 阿修羅)[76)]와의 전쟁에서
   당신들이 아수라를 격파하고 대승리를 거뒀다 해도
   이렇듯 기뻐하지는 않을 것입니다.
   무슨 좋은 일이기에 당신들은 이다지 기뻐하고 있나이까.

682. 신들은 미친 듯이 노래하며 춤추고 있구나.

수미산(Mt. Meru, 須彌山)[77] 정상에 사는 신들이여,
나의 이 궁금증을 풀어 주소서.

683. 신들은 말했다 :
이 세상에 축복을 주기 위해
보디사트바(Bodhisattva, 보살)[78]가 지금 태어났다.
석가족의 마을, 룸비니 촌락에.
이 때문에 우리는 이토록 기뻐하고 있는 것이다.

684. 살아 있는 존재들 가운데 가장 뛰어난 자,
인간 가운데 가장 인간적인 인간인 그(부처)는 머지않아
〈구도자들이 모이는 숲속〉(사르나드, 녹야원)에서
진리의 바퀴(法輪)를 굴리게 될 것이다.
뭇 짐승을 제압한 사자가 우렁찬 목소리를 토해내듯이.

685. 신들의 이 말을 들은 예언자 아시타는
급히 인간세상으로 내려왔다.
숫도다나[79]의 궁전으로 가서
석가족의 사람들에게 물었다.
「방금 태어난 왕자는 지금 어디에 있는가.
왕자를 한번 보고 싶구나.」

686. 석가족의 사람들은
방금 태어난 그 아이를 예언자 아시타에게 보였다.
금세공이 교묘하게 빚어낸 보석과도 같이
빛과 영광에 찬 저 모습을.

숫타니파타

687. 불꽃처럼, 허공을 가는 달처럼,
그리고 구름을 헤치고 나온 가을 해처럼
그렇게 빛나는 저 왕자를 보면서
예언자는 기쁨으로 가슴이 마구 뛰었다.

688. 그때 신들은 아름답고 큰 일산으로 공중을 가리고
황금의 자루가 달린 야크의 꼬리(拂子, Vyajana)[80]로
왕자의 몸을 아래위로 부채질했다.
그러나 일산과 야크의 꼬리를 든
그들의 모습은 사람들의 눈에는 전혀 보이지 않았다.

689. 예언자는 노란 담요 속에서
황금의 금화와도 같이 빛나는 얼굴을 보고는
흰 일산으로 아기의 얼굴을 가려 줬다.
그리고는 아기를 받아 안고서 지극한 행복에 젖었다.

690. 관상과 운명학에 통달했던 그는
석가족의 황소와 같이 늠름한 아이를 안고서
아기의 얼굴에 나타난 운명을 읽어내고는 이렇게 외쳤다.
「이 세상에서 가장 위대한 인간이 태어났다.」

691. 그리고는 얼마 남지 않은 자신의 삶을 생각하고는
우울해 하며 눈물을 글썽였다.
예언자가 우는 것을 보고는 석가족의 사람들은 물었다.
「무슨 일인가. 무슨 불길한 징조라도 있단 말인가.」

큰 장

692. 석가족의 사람들이 걱정하고 있는 것을 보고는
예언자가 말했다 :
이 왕자에게는 전혀 불길한 상(相)이 없습니다.
또 그의 앞길에는 아무런 장애도 없을 것입니다.
이분은 평범한 사람이 아닙니다.
자, 모두들 명심해서 듣기 바랍니다.

693. 이분은 이제 깨달음의 정상에 이르러
진리의 바퀴를 굴리게 될 것입니다.
이분은 순수의 절정(니르바나)을 체험한 다음
모든 인간의 행복을 생각할 것입니다.
그리고 그의 감화력은 넓고 깊게 퍼져 갈 것입니다.

694. 그런데 나는 이제 얼마 살지 못합니다.
이분이 깨달음을 얻는 그 중간에 나는 죽게 됩니다.
그러므로 나는 이분의 가르침을 들을 수 없게 됩니다.
이 때문에 지금 나는 슬퍼하고 있는 것입니다.

695. 예언자는 석가족 사람들의 마음에 기쁨을 일으킨 다음
자신의 구도자적인 삶을 위하여 왕궁을 떠나갔다.
그러면서 자신의 조카 날라까를 불러서
훗날 이분의 가르침을 따르라고 당부했다.

696. 날라까여.
「깨달음을 얻은 분(부처)이
지금 진리의 길을 가고 있다」는 말이 들리거든

그곳으로 가서 그분에게 가르침을 구하라.
그리고 그분 곁에서 구도자의 길을 가거라.

697. 예언자는 이렇게 하여
머지않아 장래에 가장 위대한 진리의 정복자가
나타난다는 것을 예언했다.
예언자의 이 지시를 받은 날라까는
진리의 정복자를 기다리면서
자신을 잘 갈고 닦으며 살아가고 있었다.

698. 어느날
「깨달음을 얻은 분이
지금 진리의 바퀴를 굴리고 있다」는 말이 들려 왔다.
예언자가 말한 그 시간이 왔음을 안 날라까는
깨달음을 얻은 분(부처)을 찾아가서
가장 위대한 성자의 길을 물었다.
어느 것에도 흔들리지 않는 그 지혜의 길을.

(서시는 여기에서 끝난다.)

699. 날라까 :
아시타의 예언은 오늘 비로소 이뤄졌습니다.
그리하여, 이 모든 것(진리)을 다 알고 계신 당신에게
묻습니다.

700. 성자여, 저도 집 없이 떠도는 수행자가 되고자 합니다.

가장 높은 경지, 당신이 다다른 그 지혜의 경지를
저에게 말해 주십시오.

701. 스승 :
젊은이여,
지금부터 그대에게 그 지혜의 경지를 말해 주리라.
이는 가기 어렵고 가서 이르기 어렵나니
자, 그것을 그대에게 말해 줄테니
꿋꿋이 서서 확고한 신념을 가져야 한다.

702. 비난을 받아도, 존경을 받아도
절대로 침착성을 잃지 말아야 한다.
욕을 먹어도 분노가 일지 않도록 주의하고
존경을 받더라도 결코 우쭐대지 말아야 한다.

703. 비록 숲속에 앉아 있더라도
타오르는 불꽃처럼 갖가지 유혹이 나타나느니
특히 여자는 수행자의 마음을 흔든다.
그녀들로 하여금 수행자를 유혹하지 못하게 하라.

704. 모든 종류의 감각적인 기쁨을 뒤로하라.
약한 존재거나 강한 존재거나를 불문하고
살아 있는 모든 것에게 적대감을 갖지 말라.
그리고 어떤 것에도 애착을 두지 말라.

705. 「그는 나와 같고 나 또한 그와 같다」고 생각하라.

숫타니파타

다른 사람을 자기 자신과 동일하게 생각해서
살아 있는 것을 죽여서는 절대로 안 된다.
또한 남을 시켜 죽이게 해서도 안 된다.

706. 눈먼 사람은 욕망과 탐욕에 빠져 죽자사자하고 있지만
그러나 눈뜬 이는 그것을 버리고
진리의 길을 향해 나아간다.
건너가라, 현세의 이 지옥[81]을 어서 건너가라.

707. 위장을 비워 둬라. 음식을 너무 많이 먹지 말라.
분에 넘치게 바라지 말라. 탐을 내지 말라.
욕망을 충족시키기 위하여 에너지를 너무 낭비하지 말라.
지나친 야망을 품지 않는 사람은
결과적으로 행복한 삶을 살아가게 될 것이다.

708. 수행자는 탁발을 끝낸 후[82] 숲으로 돌아가야 한다.
숲속의 나무 밑으로 가서 조용히 앉아야 한다.

709. 그리고 명상에 전념하라.
숲에서 너 자신의 진정한 즐거움을 찾도록 하라.
나무 밑의 명상을 통해서 너 자신의 행복을 찾도록 하라.

710. 밤이 지나고 아침이 되면
밥을 얻기 위해 마을로 내려가거라.
식사 초대를 받더라도, 좋은 음식을 얻더라도,
그로 인하여 기뻐하는 마음을 일으켜서는 절대로 안 된다.

큰 장

711. 마을로 내려가서는
    집집마다 너무 성급하게 돌아다니지 말라.
    탁발하는 동안은 어떤 이야기도 하지 말라.
    그리고 음식을 대접하도록
    고의로 유도하는 말을 해서도 안 된다.

712. 「음식을 얻는 것은 좋은 것이다.
    그러나 음식을 얻지 못하는 것도 역시 좋은 것이다」
    이렇게 생각하고 편안한 기분으로 돌아가거라.
    과일을 얻거나 얻지 못하거나에 관계치 않고
    담담한 마음으로 되돌아가듯.

713. 밥그릇을 들고 걸어가는 저 수행자는
    벙어리는 아닌데 마치 벙어리와 같구나.
    받는 음식이 적고 보잘것없다 해서
    그 음식을 준 사람을 절대로 얕잡아 보지 않는다.

714. 나(부처)는 진리에 이르는 여러 가지 길을 말했다.
    거듭 니르바나의 저 언덕에 이를 필요도 없지만
    단번에 거기 이른다는 것도 역시 불가능한 일이다.[83]

715. 존재의 이 흐름을 절단해 버린 구도자에게는
    더 이상 욕망이 있을 수 없다.
    선과 악을 모두 버렸으므로
    그에게는 이제 고통이 있을 수 없다.

716. 날라까여, 그대에게 지금부터 수행자의 길을 말해 주리라.
음식을 먹을 때는 마땅히 〈칼날의 비유〉를 잊지 말라.[84]
혀와 맛을 잘 절제하고
너무 포식하지 않도록 조심하지 않으면 안 된다.

717. 마음으로 하여금 집착으로부터 풀려나도록 하라.
세속적인 일들을 너무 생각지 말라.
부디 이 세상에 오염되지 말고
철저한 독립인간이 되어 신리의 실반을 묵묵히 가라.

718. 홀로 가는 저 수행자를 보살펴 줘라.
구도의 길은 철저히 홀로 가는 것이다.
진정한 기쁨은 홀로일 때만이 가능하다.

719. 그렇게 하면 그는 온 누리에 빛나게 될 것이다.
욕망을 버리고 명상에 열중하고 있는
저 현자의 이름을 듣는다면 나의 가르침을 따르는 제자들은
더욱 겸손해질 것이며 그 믿음이 깊어지게 될 것이다.

720. 여기 깊은 강물과 얕은 개울물이 있다.
바닥이 얕은 개울물은 소리를 내지만
그러나 깊은 강물은 조용히 흐른다.

721. 부족한 것은 소리를 내지만
그러나 가득 차게 되면 조용해진다.
어리석은 자는 물이 반쯤 담긴 물병과 같고

큰 장

지혜로운 이는 물이 가득 담긴 연못과 같다.

722. 수행자가 진리에 맞는 말을 열심히 하고 있는 것은
스스로 알고 있는 바를 남에게 가르치기 위해서이다.
스스로 알고 있는 많은 것을
다른 사람들에게 가르치기 위해서이다.

723. 그러나 알면서도 자기 자신을 잘 절제한다면,
진리를 이미 알고 있으면서 많은 말을 하지 않는다면,
그는 아주 지혜로운 현자다.
이러한 현자는 지혜의 절정을 체험한 사람이다.

12. 두 가지 고찰

나는 이렇게 들었다.
어느때 스승은 사위성에 있는 미가라 어미의 집에 머물고 있었다. 그때가 마침 보름날 밤이어서 스승은 제자들과 함께 집밖에 앉아 있었다. 제자들이 모두 깊은 침묵 속에 잠겨 있는 것을 보고 그는 이렇게 말했다.
「수행자들이여, 여기 완벽한 깨달음으로 인도하는 진리가 있다. "뭣 때문에 당신들은 이런 진리에 귀를 기울이는가." 누군가가 이렇게 묻는다면 그에게 다음과 같이 답하라. "두 종류의 진리를 올바르게 이해하기 위해서이다." 내가 말하는 이 두 종류의 진리가 무엇인지 알고 싶은가. 〈이것은 고통(苦)이다. 이것은 고통

의 원인이다〉 이것이 그 첫번째 고찰(第一考察)이다.

〈이것은 고통의 소멸이다. 이것은 고통의 소멸에 이르는 길이다〉 이것이 두번째 고찰(第二考察)이다.

수행자들이여, 이 두 종류의 고찰을 정확히 하라. 그리고 게으름을 피우지 말라. 부지런히 노력하며 굳게 나아가라. 그러면 다음의 두 가지 좋은 결과 중 그 하나를 얻든가(첫째 좋은 결과), 아니면 아직 번뇌가 남아 있을 경우 미망에 찬 이 생존 속으로 다시는 들어오지 않게 된다(둘째 좋은 결과).」

스승은 이 말을 끝냈다. 그리고 더 나아가서 다음과 같이 말했다.

724. 고통(苦)이 무엇인지 알지 못하고
고통의 원인(集)이 무엇인지도 알지 못하고
또 고통의 완전한 소멸(滅)을 알지 못하고
이 고통의 소멸에 이르는 길(道)이
무엇인지를 알지 못하는 사람들.

725. 그들은 사고(생각)에서의 해방과
지식에서의 자유를 얻지 못했다.
그리고 영혼의 방황에서 헤어나지 못했으니,
그들은 탄생과 소멸을 길이 계속하게 될 것이다.

726. 그러나 고통이 무엇인지를 알고
고통의 원인이 무엇인지도 알고
또 고통의 완전한 소멸을 알고
이 고통의 소멸에 이르는 길이

큰 장

무엇인지를 알고 있는 사람들.

727. 그들은 사고에서의 해방과 지식에서의 자유를 얻었다.
그리고 영혼의 방황에서 벗어났으니
그들은 탄생과 소멸을 더 이상 계속하지 않을 것이다.

〈 우빠디 [85]에 대한 두 가지 고찰 〉

「"이 두 가지 상태를 올바로 고찰할 수 있는 방법은 없는가" 누군가 이렇게 묻는다면 수행자들이여, "또 다른 방법이 있다"고 다음과 같이 답해 줘라. 즉 〈모든 고통은 우빠디로부터 시작된다〉—이것이 그 첫번째 고찰이다. 〈그러나 이 우빠디가 파괴되면 고통도 또한 없어진다〉—이것이 그 두번째 고찰이다. 수행자들이여, 이 두 종류의 고찰을 정확히 하라. 그리고 게으름을 피우지 말고 부지런히 노력하며 굳게 나아가라. 그러면 다음의 두 가지 좋은 결과 중 그 하나를 얻게 될 것이다.

이 세상에서 깨달음을 얻든가(첫째 좋은 결과), 아니면 아직 번뇌가 남아 있을 경우 미망에 찬 이 생존 속으로 다시는 들어오지 않게 된다(둘째 좋은 결과).」

스승은 이 말을 끝냈다.
그리고 〈행복한 그분〉은 더 나아가서 다음과 같이 말했다.

728. 이 세상에는 많은 종류의 고통이 있다.
그러나 그것들은 모두

우빠디를 원인으로 하여 발생하는 것이다.
어리석은 자는 이를 알지 못하고 우빠디만을 만들어내어
길이 고통의 바닷 속에서 헤어나지 못하고 있다.
현명한 자는 더 이상 우빠디를 만들지 말라.

〈무지에 대한 두 가지 고찰〉

〈모든 고통은 무지(無知)로부터 시작된다〉-이것이 그 첫번째 고찰이다. 〈그러나 이 무지가 완전히 파괴되면 고통도 더 이상 존재할 수가 없다〉-이것이 그 두번째 고찰이다.

729. 생존의 이 상태에서 저 상태에로
  탄생과 죽음의 방황을 끝없이 거듭하고 있는 사람들,
  그들이 가는 곳에는 오직 무지가 있을 뿐이다.

730. 이 무지야말로 크나큰 미망의 길이며
  이 무지 때문에 영혼은 기나긴 세월을 방황하고 있다.
  그러나 지혜의 길을 가는 현명한 사람들은
  두 번 다시 미한 이 생존 속으로 태어나지 않는다.

〈물질에 대한 두 가지 고찰〉

〈모든 고통은 물질로부터 시작된다〉-이것이 그 첫번째 고찰이다. 〈그러나 물질에 대한 생각이 완전히 없어지면 고통도 또한 사라진다〉-이것이 그 두번째 고찰이다.

731. 모든 고통은 결국 물질 때문에 시작된다.
그러므로 물질에 대한 집착을 없애 버리면
거기 고통은 더 이상 있을 수 없다.

732. 물질로부터 솟아나오는 이 고통을 보라. 이 불행을 보라.
물질의 소멸을 통해서, 물질에 대한 욕망의 소멸을 통해서
고통의 소멸은 가능하나니 이를 정확히 알아야 한다.

733. 보는 눈이 올바르고 견해가 정확한 현자들,
진리를 아는 저 성인들은
악마의 속박을 모두 끊어 버리고
다시는 미한 이 생존 속으로 태어나지 않는다.

〈 식별작용에 대한 두 가지 고찰 〉

〈모든 고통은 식별작용(識別作用, vinnana)[86]으로부터 시작된다〉-이것이 그 첫번째 고찰이다. 〈그러나 이 식별작용을 완전히 부숴 버리게 되면 고통도 따라 사라진다〉-이것이 그 두번째 고찰이다.

734. 모든 고통은 식별작용으로부터 시작된다.
그러므로 이 식별작용이 부숴지게 되면

고통은 더 이상 존재할 수 없게 된다.

735. 식별작용으로부터 솟아나오는 이 고통을 보라.
 이 불행을 보라.
 이 식별작용을 정지시킴으로써만이
 수행자는 욕망에서 벗어나 저 완전한 행복에 이르게 된다.

〈 접촉에 대한 두 가지 고찰 〉

〈모든 고통은 접촉(phassa)[87]으로부터 시작된다〉-이것이 그 첫번째 고찰이다. 〈그러나 이 접촉이 완전히 소멸되면 고통도 따라서 사라진다〉-이것이 그 두번째 고찰이다.

736. 접촉에 사로잡힌 사람들에게는,
 존재의 흐름에 휩쓸려 가는 사람들에게는,
 잘못된 길로 들어간 저 사람들에게는
 이 속박으로부터의 해방은 멀고 멀 뿐이다.

737. 그러나 이〈접촉〉의 정체를 완전히 알아서
 편안한 곳에 돌아간 사람들에게는
 접촉이 모두 소멸해 버렸으므로
 욕망에서 벗어나 완전한 행복을 맛보게 될 것이다.

큰 장

〈 감수작용(感受作用)에 대한 두 가지 고찰 〉

〈모든 종류의 고통은 감수작용(vedana)[88]으로부터 시작된다〉—이것이 그 첫번째 고찰이다. 〈그러나 이 감수작용이 모두 소멸해 버리게 되면 고통도 따라서 소멸된다〉—이것이 그 두번째 고찰이다.

738. 즐거운 느낌이든, 괴로운 느낌이든,
또는 즐겁지도 괴롭지도 않고 그저 덤덤한 느낌이든,
내적으로나 외적으로나 일단 감수된 모든 것은

739. 「그것은 결과적으로 고통」임을 알아야 한다.
이같이 덧없는 것을 지각할 때마다,
이 모든 것이 덧없이 변해 가는 것을 볼 때마다
수행자는 이 지각의 가변차원으로부터 벗어나서
완전한 행복으로 나아가야 한다.

〈 망집(妄執)에 대한 두 가지 고찰 〉

〈모든 고통은 망집(Tanha)[89]으로부터 비롯된다〉—이것이 그 첫번째 고찰이다. 〈그러나 이 망집이 없어지게 되면 고통도 따라 없어진다〉—이것이 그 두번째 고찰이다.

740. 망집을 벗으로 삼고 있는 사람은

이 상태에서 저 상태에로의
영혼의 유전을 끝없이 계속하게 된다.
그는 결코 이 삼사라(윤회)의 회전권에서
벗어나지 못하게 된다.

741. 이 망집의 고통을 보라. 이 불행을 보라.
이 망집으로부터 벗어나서
수행자는 어느 것에도 의존하지 말아야 한다.
그리고 신중하게 생각하면서 오직 자신의 길만을 가야 한다.

〈 집착에 대한 두 가지 고찰 〉

〈모든 고통은 집착으로부터 시작된다〉-이것이 그 첫번째 고찰이다. 〈그러나 이 집착이 소멸해 버리게 되면 그에 따라 고통도 없어진다〉-이것이 그 두번째 고찰이다.

742. 현재의 이 생존은 집착의 그 결과다.
이 생존 속으로 들어온 자는
고통을 향해 나아가지 않을 수 없나니
이 생존 속으로 태어난 자는 죽는다.
-이것이 고통을 일으키는 그 원인이다.

743. 집착의 이 소멸을 통해서
현자는 완전한 예지로써 미한 이 생존의 끝을 보는 것이다.
그리고 미한 이 생존 속으로 다시는 태어나지 않는다.

큰 장

〈 기동(起動)에 대한 두 가지 고찰 〉

〈 모든 고통은 기동(arambha)[90]으로부터 시작된다 〉 — 이것이 그 첫번째 고찰이다. 〈 그러나 이 기동이 모두 사라져 버리게 되면 고통도 따라 사라진다 〉 — 이것이 그 두번째 고찰이다.

744. 고통이 시작되는 것은 모두 기동 때문이다.
그러므로 모든 기동이 소멸한다면
고통도 따라 사라지게 될 것이다.

745. 기동으로부터 솟구치는 이 고통을 보라. 이 불행을 보라.
모든 기동을 버리고 니르바나 저곳으로 나아가라.

746. 생존에 대한 이 망집을 끊었으므로
그 마음의 바람이 잔 수행자는
이제 더 이상 영혼의 방황을 되풀이하지 않을 것이다.
그는 미한 이 생존을 받지 않을 것이다.

〈 음식에 대한 두 가지 고찰 〉

〈 고통이 시작되는 것은 모두 음식 때문이다 〉 — 이것이 그 첫번째 고찰이다. 〈 그러나 음식에 대한 탐욕이 사라져 버리게 되면 고통도 따라 사라진다 〉 — 이것이 그 두번째 고찰이다.

747. 고통의 시작은 모두 음식으로부터 비롯된다.
그러므로 음식에 대한 탐욕이 없어지게 되면
고통도 따라서 소멸된다.

748. 음식으로부터 솟구치는 이 고통을 보라. 이 불행을 보라.
음식을 무분별하게 마구 취하지 않는 사람들을,
진리를 이미 알고 있는 사람들을,
미한 생존자들과 같이 취급해서는 결코 안 된다.

749. 그러므로 건강은
욕망의 소멸로부터 비롯됨을 아는 사람들을,
음식을 무분별하게 마구 취하지 않는 사람들을,
진리를 이미 알고 있는 사람들을,
미한 생존자들과 같이 취급해서는 결코 안 된다.

〈 마음의 동요에 대한 두 가지 고찰 〉

〈모든 고통은 마음의 동요로부터 시작된다〉—이것이 그 첫번째 고찰이다. 〈그러나 마음의 동요가 전혀 없게 되면 고통도 따라서 사라진다〉—이것이 그 두번째 고찰이다.

750. 고통이 일어나는 것은 모두 마음의 동요 때문이다.
그러므로 마음의 동요가 없어지게 되면
고통은 더 이상 존재하지 않을 것이다.

751. 마음의 동요로부터 시작되는 이 고통을 보라.
   이 불행을 보라.
   그러므로 마음의 동요를 멈춰라. 물질의 차원을 넘어가라.
   수행자여,
   욕망으로부터 벗어나서 어떤 것에도 달라붙지 말라.
   그리고 조심스럽게 생각하면서 너 자신의 길만을 가거라.

〈 예속에 대한 두 가지 고찰 〉

〈예속된 자는 비틀거린다〉-이것이 그 첫번째 고찰이다. 〈그러나 어디에도 예속되지 않은 자는 결코 비틀거리지 않는다〉-이것이 그 두번째 고찰이다.

752. 예속되지 않은 사람은 비틀거리지 않는다.
   그러나 예속되어 있는 사람은
   생존의 이 상태에서 저 상태에로 끝없이 옮겨가면서
   삼사라, 이 윤회(輪廻)의 회전권을 벗어나지 못한다.

753. 이 불행을 보라.
   예속되어 있는 동안에는 거기 불편함이 있으니
   수행자는 그 어디에도 예속되어서는 결코 안 된다.
   그리고 그 어느 것에도 의지하지 말고
   조심스럽게 생각하면서
   그 자신의 길만을 묵묵히 나아가라.

〈 물질적인 영역과 비물질적인 영역에 대한 두 가지 고찰 〉

〈 물질적인 영역보다 비물질적인 영역이 훨씬 조용하고 편안하다 〉 — 이것이 그 첫번째 고찰이다. 〈 그러나 비물질적인 영역보다 소멸(니르바나) 쪽이 훨씬 조용하고 편안하다 〉 — 이것이 그 두번째 고찰이다.

754. 물질적인 영역(형상의 차원)에 사는 모든 생존자와
　　　비물질적인 영역(의식의 차원)에 사는 모든 생존자들은
　　　아직 소멸(니르바나)의 차원을 알지 못하고
　　　또다시 미한 생존으로 되돌아온다.

755. 그러나 물질적인 영역을 완전히 알고
　　　비물질적인 세계에 안주하면서
　　　저 소멸의 차원에 도달한 사람은 죽음을 멀리 뒤로한다.

〈 진리와 진리 아닌 것에 대한 두 가지 고찰 〉

〈 신들(demigods)과 악마들, 그리고 수행자들과 인간을 포함한 모든 생존자들이 "이것은 진리다"라고 생각하고 있는 것을 현자(깨달은 자)들은 그들의 완전한 예지를 통해서 "이것은 거짓이다"라고 보고 있다 〉 — 이것이 그 첫번째 고찰이다. 〈 신들과 악마들,

그리고 수행자들과 인간을 포함한 모든 생존자들이 "이것은 거짓이다"라고 생각하고 있는 것을 현자들은 그들의 완전한 예지를 통해서 "이것이야말로 진정한 진리다"라고 보고 있다〉-이것이 그 두번째 고찰이다.

756. 보라, 신들과 인간들은
거짓을 진실(진리)이라고 생각하고 있다.
그들은 명칭과 형태 속에 머물러 있으면서
「이것이야말로 진리」라고 생각하고 있다.

757. 「이럴 것이다 저럴 것이다」라고 생각하지만
그러나 실제로는 그렇지 않다.
왜냐하면 어리석은 자의 그 생각은 허망하기 때문이다.
거짓은 모두 허망하기 때문이다.

758. 그러나 니르바나는 결코 거짓이 아니다.
모든 현자들은 이를 진리로 알고 있다.
그들은 모두 진리를 알고 있기 때문에
욕망으로부터 벗어나 완전한 행복으로 나아간다.

〈 기쁨과 고통에 대한 두 가지 고찰 〉

〈신들과 악마들, 그리고 수행자들과 인간을 포함한 모든 생존자들이 "이것은 기쁨이다"라고 생각하는 것을 현자들은 그들의 완벽한 예지를 통하여 "이것은 고통이다"라고 보고 있다〉-이것이 그 첫번째 고찰이다. 〈신들과 악마들, 그리고 수행자들과 인간을 포함한 모든 생존자들이 "이것은 고통이다"라고 생각하는 것을 현자들은 그들의 완벽한 예지를 통하여 "이것은 기쁨이다"라고 보고 있다〉 - 이것이 그 두번째 고찰이다.

759. 형상, 음성, 맛, 냄새,
그리고 감각에 의하여 접촉되는 것,
매혹적인 것, 내 뜻에 맞는 것.

760. 이런 것들을 신들과 인간들은 〈기쁨〉으로 생각하고 있다.
그러나 이런 것들이 소멸해 갈 때
그들은 비로소 그것이 〈고통〉이라는 것을 알게 된다.

761. 「자신의 몸(개체)에 대한 집착을 끊어 버리는 것이야말로
크나큰 기쁨이 아닐 수 없다」고
모든 현자들은 말하고 있다.
올바로 보고 있는 이 사람들의 생각은
세상 사람들의 생각과는 정반대 입장이다.

762. 사람들이 〈기쁨〉이라 생각하고 있는 것을
현자들은 〈고통〉이라고 말하고 있다.
사람들이 〈고통〉이라고 생각하고 있는 것을
현자들은 〈기쁨〉이라고 말하고 있다.
알기 어려운 이 진리를 보라.
보라, 무지한 사람들은 이를 혼동하고 있다.

763. 무지에 싸인 사람들에게는 어둠이 있다.
　　　진리를 보지 못하는 사람들에게는 암흑이 있다.
　　　그러나 순수한 사람들에게는 모든 것이 드러난다.
　　　빛이 온 누리를 고루 비추듯.

　　　진리를 전혀 알지 못하는 사람들은
　　　진리가 가까이 있어도 그것을 전혀 느끼지 못한다.

764. 생존의 탐욕에 붙잡혀서
　　　그 흐름에 휩쓸려 가고 있는 사람들은,
　　　악마의 영역 속으로 들어가 버린 사람들은,
　　　이 진리를 완벽하게 이해할 수 없나니.

765. 현자들이 아니라면
　　　누가 이 니르바나의 경지를 정확히 이해할 수 있겠는가.
　　　이 경지를 체험한 사람은
　　　욕망으로부터 벗어나 완전한 침묵 속으로 들어가리라.

　스승의 이 가르침을 듣고 제자들은 몹시 기뻐했다. 그리고 그 가운데 60명의 제자들은 그 어디에도 의존하지 않는 자가 되었으며 완전한 자유(니르바나)를 얻게 되었다.

네번째

시(詩)의 장

네번째 시(詩)의 장

1. 욕 망

766. 욕망을 충족시키고자 갈망하던 사람이
모든 일이 뜻대로 되어
그가 바라던 바가 이루어지게 되면
그는 몹시 기뻐할 것이다.

767. 그러나 욕망을 충족시키고자 애를 썼으나
일이 뜻대로 되지 않고
바라던 바를 전혀 이룰 수 없게 되면
그는 화살에 맞은 것처럼 신음하며
괴로워하게 될 것이다.

768. 숲속을 가면서
뱀의 머리를 밟지 않도록 조심하듯
매사에 신중히 생각하며 주의하는 사람은
마침내 욕망을 정복할 것이다.

769. 논밭이나 저택, 그리고 황금과 멋진 자가용,

고용인, 부녀, 친척,
그리고 여타의 갖가지 욕망을 탐하게 되면,

770. 죄악이 그를 압도하고
위험한 재난이 그를 박살낼 것이다.
부숴진 배에 물이 스며들듯
고통이 그를 따르게 될 것이다.

771. 그러므로 언제 어디서나 정신차려서
이 모든 욕망을 비켜 가야 한다.
배에 고인 물을 퍼내듯
이 모든 욕망을 버리고 거센 이 물결을 건너
니르바나 저 언덕으로 가거라.

2. 동 굴

772. 컴컴한 동굴(육체) 속에만 박혀 있는 사람은
죄악의 보자기에 싸이고 착각 속에 빠져 있다.
이런 사람은 진리의 삶으로부터 멀리 떨어져 있으니
이 세상에 살면서 욕망을 버린다는 것은
그렇게 쉬운 일이 아니다.

773. 이 생존의 쾌락에 갇혀 있는 사람은
영혼의 자유를 얻기 어렵다.
진정한 영혼의 자유는

남이 줄 수 있는 것이 아니기 때문이다.
그는 앞날이나 지난 과거를 되돌아보면서
눈앞의 욕망을 탐하고 있다.

774. 그는 욕망에 미쳐 거기 빠지면서
인색하고 옳지 못한 곳에 머물러 있다.
그러나 죽을 때는 고통에 휘말려 비탄해 한다.
「이렇게 죽게 되면 나는 도대체 어떻게 되는가」하고.

775. 그러므로 우리는 이 가르짐을 따라야 한다.
무엇이 사악한 것인가를 알았으면
그 사악한 짓을 해서는 결코 안 된다.
「인간의 목숨은 짧다」고 현자들은 말했기 때문이다.

776. 사람들은 모두 생존에 대한 집착에 붙잡혀서
두려워 떨고 있는 것을 나는 봤다.
비열한 사람들은 생존에 대한 집착에서 벗어나지 못하고
죽음의 문앞에 와서 슬퍼 울고 있다.

777. 물이 말라 가는 연못의 고기와 같이
그는 아집에 사로잡혀 떨고 있다.
그러므로 「내것」이라는 이 소유의 생각을 지워 버려라.
생존에 대한 이 모든 애착을 털어 버려라.

778. 현자는 양극단에 대한 욕망[91]을 제압하고
감각기관과 대상과의 접촉을 통찰하여 탐내지 않으며

시(詩)의 장

자책감에 사로잡히는 그런 악행을 하지 않는다.
그리고 보고 듣는 것에도 오염되지 않는다.

779. 명칭과 형태를 두루 알아서
존재의 이 거센 흐름을 건너가거라.
현자는 결코 소유하려는 이 집착에 오염되지 않으며
욕망의 화살을 뽑아 버리고 오직 자신의 길만을 간다.
그리고 이 유한의 세계와 저 무한의 세계에 대한
목마른 바람을 모두 버린다.

3. 악 의(惡意)

780. 악의를 품고 남을 비난하는 사람들이 있다.
남에게서 들은 말을 정말이라 믿고
남을 욕하는 사람들이 있다.
그러나 비난이 들려 와도 현자는 거기 가까이 가지 않는다.
그러므로 현자는 어떤 비난에도 그 마음이 동요되지 않는다.

781. 탐욕에 이끌리고 자신의 기호에만 잡혀 있는 사람이
어떻게 자신의 편견을 넘어설 수 있겠는가.
그는 스스로가 완전하다고 생각하고 있으며
자신이 아는 바를 마구 지껄이고 다닐 것이다.

782. 누가 묻지도 않았는데
「나는 계율을 지키고 있다. 나는 도덕주의자다」라고

　　　 떠벌리며 다니고 있는 사람이 있다.
　　　 그러나 진리를 아는 현자들은 이렇게 말했다.
　　　 「스스로가 스스로를 칭찬하는 사람은
　　　 이 세상에서 가장 비열한 인간이다.」

783. 그 마음이 무르익은 수행자는
　　　 결코「나는 계율을 잘 지키고 있다」고 으시대지 않는다.
　　　 그러므로 진리에 이른 현자들은 이렇게 말했느니
　　　 「그가 있는 곳에는 번뇌의 불길이 타오르지 않으므로
　　　 이런 사람이야말로 가장 존귀한 사람이다.」

784. 자기만의 독단적인 견해를 미리 설정해 놓고
　　　 거기에 편중하여
　　　 자신에게만 좋은 결과가 있다고 생각하는 사람은
　　　 정말 크나큰 착각 속에 살고 있는 것이다.

785. 자기의 견해에 대한 집착을 넘어선다는 것은
　　　 쉬운 일이 아니다.
　　　 그러므로 사람들은 자신의 비좁은 소견으로
　　　 이것 저것 곰곰이 헤아려 본 다음
　　　 어떤 가르침은 배척하고 또 어떤 가르침은 받아들인다.

786. 죄악을 말끔히 쓸어 없애 버린 사람은
　　　 이 세상 어디를 가든지
　　　 이 모든 생존에 대하여 편견을 갖지 않는다.
　　　 죄악을 모두 쓸어 없애 버린 사람은,

시(詩)의 장

허위와 오만을 모두 버린 사람은,
그 영혼이 이제 더 이상 방황하지 않는다.
그에게는 이미 의지할 것도
가까이할 것도 존재하지 않으므로.

787. 이 모든 사물에 대하여 편견을 갖고 있는 사람은
곧잘 남의 입에 올라 비난을 받게 된다.
그러나 편견을 전혀 갖고 있지 않은 사람을
무슨 구실로 어떻게 비난할 수 있겠는가.
움켜쥐지도 않고 거부하지도 않는 그를
아, 아, 어떻게 비난할 수 있단 말인가.

4. 청 정

788.「순수하고 가장 완벽한 사람을 나는 보았다.
인간이 순수해지는 것은
오직 그의 견해에 의해서이다」
-이렇게 신념을 굳혀 가는 〈견해〉야말로
최상의 것이라고 말하는 사람은
지혜의 심층부에 이르게 될 것이다.
가장 순수한 것이 무엇이라는 것을 깨닫게 될 것이다.

789. 견해에 의해서 다시 순수해질 수 있다면,
지혜의 힘으로 고통에서 벗어날 수 있다면,

그것은 욕망에 잡혀 있는 사람이
올바른 길 이외의 다른 어떤 수단 방법에 의해서도
얼마든지 순수해질 수 있을 것이다.
-이렇게 말하는 사람을 〈편견을 가진 사람〉이라 한다.

790. 그러나 진정한 수행자는
본 것, 들은 것, 계율과 도덕,
그리고 생각한 것에 더 이상 매달리지 않는다.
그는 나쁜 일도 하지 않고 좋은 일도 하지 않는다.
모든 집착을 버렸으므로
그는 선악의 원인을 더 이상 만들지 않는다.
그리고 또 영혼의 정화는
다른 것으로부터 비롯된다고도 인정하지 않는다.

791. 그들은 전의 스승을 떠나 또 다른 스승을 찾아간다.
이처럼 자신의 욕망에 끌려다니는 사람들은
속박의 이 줄을 영원히 끊어 버릴 수 없다.
이 나뭇가지를 붙잡았다가는 놓고
다시 저 나뭇가지를 붙잡는 원숭이처럼
그들은 붙잡고 놓는 이 행위를 끝없이 반복하고 있다.

792. 형식이나 계율을 고집하는 사람들은
생각을 많이 하면서 여러 가지 일들을 벌려 놓는다.
그러나 예지로운 사람, 진리를 아는 사람은
결코 여러 가지 잡다한 일을 벌리지 않는다.

793. 그는 이 모든 사물에 대하여
　　　본 것, 들은 것, 생각한 것으로부터 멀리 떨어져 있다.
　　　그러므로 이 세상의 어느 누구도
　　　그를 오염시킬 수는 없다.
　　　진리를 본 사람, 당당하게 자기의 길을 가고 있는 그를.

794. 그는 어떤 견해도 고집하지 않는다.
　　　그는 어떤 것도 특별히 중요시 여기지 않는다.
　　　「나는 영원히 순수한 존재다」
　　　-이런 식으로 말하지도 않는다.
　　　집착의 밧줄을 끊어 버렸으므로
　　　그는 이 세상의 어느 물건에 대해서도
　　　간절히 갖고자 하는 마음을 일으키지 않는다.

795. 진정한 수행자는 죄악을 정복한다.
　　　자신이 알거나 보아 온 어떤 것에도
　　　집착의 마음이 전혀 없다.
　　　그는 욕망에 끌려가지도 않고
　　　또 욕망을 거부하지도 않는다.[92]
　　　「이것이야말로 가장 값진 것이다」라고
　　　이 세상에서 그가 고집할 수 있는 것은 아무것도 없다.

5. 최 상

796. 사람들은 모두
자기가 좋아하는 견해를 주장하면서 이렇게 말하고 있다.
「이 견해야말로 이 세상에서 가장 높은 철학이다.
이것 이외의 다른 견해는 별 가치가 없다.」
그러나 이 때문에 그는
논쟁의 차원을 벗어날 수 없는 것이다.

797. 그(사상가)는 본 것, 배운 것, 계율과 도덕,
그리고 사색에 관해서 자신이 주장하고 있는 것만을
최상으로 여기고 있다.
그리고 다른 사람들이 주장하고 있는 것들은
무가치한 것이라고 한마디로 독단을 내려 버린다.

798. 어떤 한 가지 견해나 입장에 근거하여
「이것 이외에는 모두 별 가치가 없는 것들」이라고 본다면
이는 진리의 길을 가는 데 장애가 된다고
진리에 이른 현자들은 말했나니.
그러므로 수행자는 보고 듣고 배우고 사색한 것,
또는 계율이나 도덕에만 너무 사로잡혀서는 안 된다.

799. 지혜에 관해서도 계율이나 도덕에 관해서도
편견을 가져서는 절대로 안 된다.
「나는 남과 동등하다. 나는 남보다 못하다.

시(詩)의 장

　　　　이는 남보다 뛰어나다」
　　　　이런 생각도 하지 말아야 한다.

800. 그는 자신의 견해(先入見)를 모두 버렸으므로
　　　학식에도 특별히 의지하지 않는다.
　　　사람들은 갖가지 다른 견해로 나눠져 있지만
　　　그러나 그는 어느 당파에도 소속되지 않는다.
　　　그리고 어떤 견해라도 그 견해를 그대로 받아들이지 않는다.

801. 그는 이 양극단에 대해서,
　　　각기 다른 이 생존에 대해서,
　　　그리고 이 세상에 대해서나 저 세상에 대해서
　　　아무것도 더 이상 바라지 않는다.
　　　모든 사물에 대하여 일방적으로 단정을 내리는
　　　그런 독단은 그에게는 더 이상 존재하지 않는다.

802. 그는 보고 듣고 사색한 것에 관해서
　　　털끝만큼도 편견이 없다.
　　　어떠한 견해에도 붙들리지 않는 그를
　　　도대체 무슨 수로 더럽히겠는가.

803. 그는 어떠한 일방적인 주장도 인정하지 않으며
　　　어떤 한 가지 입장도 특히 중요시 여기지 않는다.
　　　그는 어떠한 교리나 학설도 인정하지 않으며
　　　또한 계율이나 도덕에도 굴복하지 않는다.
　　　그는 이미 니르바나 저 언덕에 다다랐으므로

다시는 이 생존 속으로 들어오지 않는다.

6. 늙 음

804. 아, 아, 인간의 목숨이여,
　　　백 년도 못 채우고 죽는 것을.
　　　비록 백 년을 넘어 산다 해도
　　　늙고 쇠하여 마침내 죽고야 마는 것을.

805. 「이것은 내것」이라고 집착한 그 물건 때문에
　　　사람들은 슬피 울고 있다.
　　　〈내것〉이라고 생각한 것은 영원히 내것일 수 없기 때문이다.
　　　이 세상은 끊임없이 변해 가고 있나니
　　　이를 알고 어서 구도자의 길을 떠나라.

806. 「이것은 내것」이라고 생각하는 그 물건은
　　　그 물건의 주인이 죽음으로써 효력이 없어진다.
　　　그러므로 구도자들은 이를 잘 알아서
　　　〈내것〉이라는 이 소유의 관념에만 너무 잡히지 말아야 한다.

807. 꿈속에서 만난 사람은 눈을 뜨면 다시는 볼 수 없다.
　　　사랑하는 사람이 죽어 이 세상을 떠나게 되면
　　　이제 두 번 다시 그를 볼 수 없게 되리라.

808. 나는 〈아무개〉라고 제법 목에 힘을 주던 사람들도

시(詩)의 장

가을 잎지듯 그렇게 죽고 나면
그의 이름만 뒤에 남아 홀로 떠돌 것이다.

809.「이것은 내것」이라고 두 눈이 벌겋게 설치는 사람들은
근심과 걱정, 그리고 고통과 인색함에서
영원히 헤어나지 못한다.
그러므로 저 모든 현자들은
소유를 버리고 집 없이 떠돌면서
니르바나, 저 언덕으로 가는 것이다.

810. 진정한 수행자는 집착의 마음이 없이 떠돌면서
외롭고 쓸쓸한 은둔자의 삶을 익혀야 한다.
이 생존 속으로 자기 자신을 나타내 보이지 않는 것이
수행자가 가야할 최상의 길임을 명심하라.

811. 현자는 어떤 것에도 머무르지 않으며
사랑하지도 않고 미워하지도 않는다.
슬픔과 인색함이 이제 그를 더럽힐 수 없다.
연잎 위의 물방울이 결코 연잎을 더럽힐 수 없는 것같이.

812. 저 연꽃이 진흙물에 더럽혀지지 않듯
현자는 보고 배우고 사색한 어떤 것에도
결코 오염되지 않는다.

813. 죄악을 모두 쓸어 없애 버린 사람은
보고 배우고 사색한 어떤 것에도 집착하지 않는다.

그는 또한 다른 방법을 통해서 정화되려고도 생각지 않는다.
그는 탐내지도 않으며, 탐(貪)에서 떠나지도 않는다.

7. 구도자 티사메티야

814. 구도자 티사메티야가 말했다 :
친구여,
마이누나(房事)를 너무 밝히는 자의 파멸을 말해 주게나.
자네의 말을 듣고 나서
나 또한 은둔의 삶을 택하고자 하노라.

815. 스승의 대답 :
친구여, 마이뚜나를 너무 밝히는 자는
마침내 진리의 가르침을 잃어 버리고
사악한 길로 접어들게 되나니
이는 그 자신 속에 잠재해 있는 비열한 근성 때문이다.

816. 지금까지는 홀로 수행자의 길을 잘 가다가
마이뚜나의 유혹에 그 자신을 맡기는 사람은
마치 달리던 차가 그 길에서 빗나간 것과 같다.
사람들은 그를 비열한 인간, 속된 인간이라 부르나니.

817. 그뿐이겠는가. 지금까지 그가 가지고 있던
명예도, 명성도 모두 잃게 되나니
이 이치를 잘 알아서 마이뚜나의 유혹을 뿌리쳐야 한다.

시(詩)의 장

818. 그는 그 자신의 탐욕스런 생각에 사로잡혀서
　　　불행한 사람처럼 자신을 취급하고 있다.
　　　이런 사람은 남들로부터 울려퍼지는 비난의 소리를 듣고
　　　몹시 불안해 하며 부끄러움을 느낄 것이다.

819. 그리고 다른 사람으로부터 충고를 받게 되면
　　　터무니없는 거짓말로 변명을 하며
　　　자신을 상하게 하는 칼(사악한 행위)을 마구 휘두른다.
　　　이것이 그에게 있어서 가장 큰 함정인 것이다.

820. 홀로 수행자의 길을 갈 때는 〈현자〉로 존경받던 사람들도
　　　일단 마이뚜나의 이 그물에 걸려 들게 되면
　　　어리석은 자처럼 몹시 괴로워한다.

821. 구도자는 이런 재앙이 있다는 것을 잘 관찰하여
　　　오직 홀로인 수행자의 길을 굳게 지켜 나가라.
　　　마이뚜나의 그물에 걸려 들지 않도록 주의하면서.

822. 속세로부터 떠나 은둔자의 삶을 배워야 한다.
　　　이는 수행자에게 있어서 최상의 삶이니.
　　　그러나 「자기 자신을 최고의 인간」으로 생각해서는 안 된다.
　　　비록 니르바나의 경지에 가까이 갔다 하더라도.

823. 욕망을 두 번 다시 뒤돌아보지 않고
　　　오직 앞만을 보고 가는 구도자를,

숫타니파타

생존의 이 격류를 이미 건너간 저 구도자를,
감각의 차원에 갇혀 있는 사람들은
몹시 부러운 눈으로 바라보고 있다.

8. 파수리

824.「여기 내가 따르는 이 가르침만이 순수하다.
그리고 나머지 다른 가르침은 순수하지 않다.
내가 따르고 있는 이 가르침만이 진리다.」
그들은 이렇게 말하면서
제각기 다른 가르침을 고집하고 있다.

825. 그들은 작당을 하고 모임을 만들어서
서로 상대방을 〈어리석은 놈〉이라 비웃는다.
그리고 다른 사람들을 찾아가서 입씨름을 벌이며
「나는 진리에 도달했다. 나는 깨달았다」고 외치고 있다.

826. 논쟁에 참가한 자는 칭찬을 받고자 애쓴다.
그러다가 패하게 되면 기가 죽어 상대방의 결점을 찾다가
그 점을 지적받으면 천둥같이 화를 낸다.

827.「너의 주장은 옳지 않다. 너는 패배했다」고
사람들이 말하게 되면
논쟁에 패배한 그는 이렇게 말하며 분을 참지 못한다.
「어디 두고 보자. 너는 나를 짓밟았다.」

시(詩)의 장

828. 이렇듯 말싸움이 모든 수행자들 사이에서 일어나면
  승자가 있게 되고 패자가 있게 된다.
  그러므로 이를 잘 관찰하여 말싸움을 삼가야 한다.
  그대가 말싸움을 통해서 얻을 수 있는 것은
  일시적인 칭찬 이외에는 아무것도 없다는 것을 알아야 한다.

829. 행여 말싸움에서 승리하여 칭찬을 받게 되면
  그는 몹시 기뻐하며 우쭐거린다.

830. 그러나 우쭐거리는 것은 좋지 않으니
  사람들을 눈 아래로 보고 함부로 지껄여 대지 말라.
  이런 이치를 잘 알았다면
  절대로 말싸움을 해서는 안 된다.
  「말싸움을 통해서는 저 순수한 곳에 이를 수 없다」고
  현자들은 말했기 때문이다.

831. 예를 들면 왕의 병사가 적의 병사를 보고
  고함을 지르며 달려가는 것과 같다.
  용사여, 상대(적)가 있는 곳으로 가거라.
  그러나 싸워야 할 상대가 원래부터 있는 것은 아니었다.

832. 「이것만이 진리다」라고
  자기 입장만을 고집하며 말싸움을 거는 사람이 있다면
  그에게 이렇게 말하라.
  「그대가 아무리 말싸움을 걸어 와도
  그대를 상대해 줄 사람은 여기에 없다.」

833. 또 모든 대립의 차원에서 벗어나
어떤 견해와도 서로 충돌하지 않는 사람들이 있다.
그러므로 그들과는 어떤 말싸움도 할 수가 없다.
이것이야말로 〈최상의 것〉이라고 고집할 수 있는 것은
이 세상에 아무것도 없다는 것을 명심하라.

834. 「나와 대적할 사람은 아무도 없다.」
그대는 지금 이런 자만심을 갖고
사악을 모두 없애 버린 사람(부처)을 찾아왔구나.
그러나 그대의 도전을 받아 줄 사람은
여기 아무도 없다는 것을 알아야 한다.

9. 마간디야 [93]

835. 스승 :
깨달음을 얻기 직전에
악마의 세 딸(애욕, 증오, 탐욕)이 나를 유혹했었다.
그러나 그 매혹적인 자태에도 불구하고 내 마음에는
그녀들과 생을 나누고 싶다는 생각이 전혀 일지 않았다.
저 미인의 육체 속에 무엇이 들어 있는가.
거기 대변과 소변이 가득 차 있을 뿐
나는 내 발끝조차 그녀들에게 닿는 것을 원치 않았다.

836. 마간디야 :

당신은 지금
모든 사람들이 원하는 여자와 황금을 마다하고 있다.
그렇다면 당신이 주장하는 계율과 도덕,
그리고 삶의 태도는 어떤 것인가.

837. 스승 :
마간디야여, 나는 어떤 교리도 강요하지 않는다.
이 모든 편견 속에는 불행이 있음을 알고 있기 때문에
나는 어떤 견해도 주장하지 않는다.
그러므로 나는 오직 진리만을 추구하면서
저 〈내적인 평화〉를 보고 있다.

838. 마간디야 :
당신은 지금
어떤 교리나 철학적인 견해도 인정하지 않고 있다.
그리고 오직 〈내적인 평화〉만을 강조하고 있는데
다른 현자들은 당신의 이 입장을 어떻게 보고 있는가.

839. 스승 :
마간디야여, 인간이 순수해지는 것은
교리에 의해서도, 학문에 의해서도,
그리고 지식이나 도덕에 의해서도 아니다.
교리가 없이도, 학문이나 지식이 없이도,
계율이나 도덕을 지키지 않음으로써
순수해질 수 있는 것도 또한 아니다.
긍정도 하지 말고 부정도 하지 말며

어떤 것도 고집하지 말고 어떤 것에도 구애되지 말라.
그 어디에도 의존하지 말고 조용히 가야 하며
생존에 대한 욕심을 갖지 말아야 하느니
이것이 바로 〈내적인 평화〉에의 길이다.

840. 마간디야 :
「교리에 의해서, 학문에 의해서, 그리고 지식이나 계율,
도덕에 의해서도 순수해질 수 없으며,
교리가 없어도 학문이 없어도
그리고 지식이나 계율, 도덕이 없어도
또한 순수해질 수 없다」고 말하는 것은
매우 어리석은 가르침이라고 나는 생각한다.
왜냐하면 「철학적인 사고(교리)에 의해서
인간은 다시 순수해질 수 있다」고
어떤 사람들은 생각하고 있기 때문이다.

841. 스승 :
마간디야여, 그대는 지금 그대 자신이 따르고 있는
교리에 입각해서 묻고 있기 때문에
편견에 사로잡혀 있고 미망에 빠져 있는 것이다.
그러므로 그대는 이 〈내적인 평화〉에 대해서는
조금도 생각지 않고 있다.
그래서 그대는 지금 나의 가르침을
매우 어리석은 주장이라 생각하고 있는 것이다.

842.「이것은 동등하다, 이것은 뛰어나다, 이것은 저열하다」

시(詩)의 장

이렇게 생각하고 있는 사람은
그 생각 때문에 결국 논쟁에 휘말리게 될 것이다.
그러나 이 세 가지 생각에 전혀 동요되지 않는 사람,
그에게는 「동등하다, 뛰어나다, 저열하다」는
그런 생각이 전혀 없다.

843. 그런 그가 무엇 때문에
「나의 입장만이 진실」이라고 말하겠는가.
그리고 「다른 이의 말은 모두 거짓」이라고 비난하며
누구와 말싸움을 벌이겠는가.
〈같다〉 또는 〈같지 않다〉는 생각이 전혀 없는 사람에게
누가 말싸움을 걸겠는가.

844. 집을 나와 정처없이 떠도는 사람,
세속적인 친교를 맺지 않는 현자는
이 모든 욕망을 떠나 미래의 생존마저 바라지 않고
다른 주장을 가진 이들과 논쟁을 벌이지도 않는다.

845. 진정한 수행자는 모든 편견에서 벗어나서
이 세상을 유유자적하며 살아가기 때문에
어떤 사람과도 말싸움을 벌이지 않는다.
저 진흙에서 자라난 연꽃이
물에도 진흙에도 더러워지지 않듯
그는 평화의 증인이며 욕심에서 벗어나
이 세상에도, 욕망에도 더 이상 오염되지 않는다.

숫타니파타

846. 진리를 아는 사람은
 견해나 사상에 대해서 자만심을 갖지 않는다.
 그는 또한 종교적 행위에도 끌려가지 않으며
 마음의 어떤 유혹에도 끌려가지 않는다.

847. 차별의 생각에서 벗어난 사람에게는
 더 이상 속박이 있을 수 없다.
 지혜를 통해서 자유를 얻은 사람에게는
 미망이나 착각이 있을 수 없다.
 그러나 편견을 고집하고 있는 사람들은
 서로 충돌하면서 이 세상을 살아간다.

10. 죽음이 오기 전에

848. 무슨 생각을 하며 어떤 계율을 지키는 사람을
 마음의 평화에 이르렀다고 말할 수 있는가.
 고다마여, 그 최고의 인간에 관해 말해 주지 않겠는가.

849. 스승:
 이 세상을 떠나기 전에 생에 대한 맹목적인 집착을 버리고
 과거에도 방해받지 않고 현재에도 기대하지 않는다면
 그는 미래에 대해서도
 역시 지나치게 괴로워하지 않을 것이다.

850. 현자는 노여워하지 않고 두려워하지 않으며

시(詩)의 장

뒤에 가서 후회하는 그런 잘못을 저지르지 않는다.
그리고 덜렁대지 않으며
말을 할 때는 신중히 생각한다.

851. 그는 미래에도 지나친 기대를 걸지 않으며
과거를 뒤돌아보며 슬퍼하지도 않는다.
그는 감각의 대상을 저만치 떨어져서 바라본다.
그리고 그는 어떤 편견에도 끌려가지 않는다.

852. 그는 집착이 없으며 속이지 않는다.
그는 탐하지 않으며 인색하지 않다.
그는 오만하지 않으며 증오하지도 않는다.
그는 결코 이쪽에서 이말 하고
저쪽에서 저말을 하지 않는다.

853. 그는 쾌락만을 탐하지 않으며 으시대지도 않고
늘 부드러우며 말이 솔직하다.
그는 자신이 직접 체험한 것 이외에는
그 어느 것도 믿지 않는다.
그리고 그는 어떤 것도 거부하거나 싫어하지 않는다.

854. 그는 굳이 이익만을 목적으로 배우지 않는다.
설령 이익이 없다 해도 노여워하지 않으며
맛에만 너무 탐닉하지도 않는다.

855. 침착하고 언제나 생각이 깊으며

숫타니파타

그는 자기자신을 남들과 동등하다거나 우수하다거나
못났다고 생각지 않는다.
그러므로 그에게는
욕망의 불꽃이 더 이상 타오르지 않는다.

856. 그 어디에도 의존하지 않는 사람은
진리를 알고 있으므로 어느 것에도 구애받지 않는다.
생존하고자 하는 욕망도 생존을 떠나고자 하는 바람도
그에게 더이상 존재하지 않는다.

857. 욕망을 기대하지 않는 사람,
그를 나는 가장 편안한 사람이라 부른다.
그에게는 더 이상 속박이 있을 수 없으며
그는 모든 야망을 제압해 버렸다.

858. 그에게는 아들도, 가축도, 토지도
그리고 부귀도 아무것도 없다.
이미 얻은 것도 버려야 할 것도
그에게는 더 이상 존재하지 않는다.

859. 세상 사람들은, 이교도들은,
탐욕이 많다고 그를 비난하지만
그러나 그는 그런 비난에 신경쓰지 않는다.
저들의 지저귀는 소리에 그는 전혀 움직이지 않는다.

860. 현자는 탐욕을 떠났으므로 인색하지 않으며

시(詩)의 장

「나는 남보다 우수하다. 나는 남과 동등하다.
나는 남보다 못하다」는
이런 식의 생각을 하지 않는다.
그는 모든 분별심을 버렸으므로
더 이상 시간의 지배를 받지 않는다.

861. 이 세상에서 〈내것〉이라 할 수 있는 소유가 그에게는 없다.
그러나 그는 내것이 전혀 없는
그 무소유를 결코 슬퍼하지 않는다.
그는 욕망에 이끌려 물질 쪽으로만 다가가지도 않는다.
그러므로 그는 이 세상에서 가장 편안한 사람이다.

11. 투 쟁

862. 문 :
투쟁과 논쟁, 슬픔과 간탐,
그리고 오만과 거친 말은 어디서 어떻게 비롯되는가.
이를 알기 쉽게 가르쳐 주지 않겠는가.

863. 답 :
투쟁과 논쟁, 슬픔과 간탐,
그리고 오만과 거친 말은
모두 좋아하는 것에 대한 집착으로부터 비롯된다.
그리고 또 투쟁과 논쟁은 간탐을 동반하며

논쟁이 일어날 때 거기 자연히 거친 말이 있게 된다.

864. 문 :
좋아하는 것에 대한 집착은 왜 시작됐는가.
또 이 세상 도처에서 벌어지고 있는 저 권력투쟁은
왜, 무엇 때문에 일어나고 있는가.
인간이 내세에 관해서 품은 희망과
그 희망의 성취는 무엇 때문에 일어나는가.

865. 답 :
좋아하는 것에 대한 집착 및 권력투쟁은
모두 분에 넘치는 욕망 때문에 시작되었다.
또 내세에 관한 희망과 그 성취도
모두 그것(욕망) 때문에 일어나는 것이다.

866. 문 :
욕망은 무엇 때문에 일어나는가.
형이상학적인 독단은 무엇 때문에 일어나는가.
분노와 거짓과 의심,
그리고 고다마 당신이 가르치고 있는 진리의 말들은
어디서 비롯되었는가.

867. 답 :
유쾌한 감정과 불쾌한 감정에 의해서
욕망이 일어난다.
이 모든 물질적 존재의 생성과 소멸을 보고

그는 사물의 외적인 현상에만 사로잡혀 독단을 내린다.

868. 분노와 거짓과 의혹,
이 셋 역시 유쾌와 불쾌의 감정이 있는 곳에 나타난다.
의혹이 많은 사람은 지혜의 길을 닦아야 한다.

869. 문 :
유쾌와 불쾌의 감정은 왜 일어나는가.
어떻게 하면 이런 감정들이 일어나지 않겠는가.
그리고 생성과 소멸은 또 왜 일어나는가.

870. 답 :
유쾌와 불쾌의 감정은
감각과 외계의 접촉에 의해서 일어난다.
그러므로 감각과 외계의 접촉이 없어질 때
이런 감정들도 더 이상 일어나지 않는다.
생성과 소멸이 비롯되는 것 역시
감각과 외계의 이 접촉 때문이다.

871. 문 :
감각에 의한 외계의 접촉은 왜 일어나는가.
또 소유욕은 어디서부터 비롯되었는가.
무엇이 존재하지 않을 때
〈내것〉이라는 이 아집이 존재하지 않는가.
무엇이 소멸할 때에
감각에 의한 외계의 접촉이 정지하는가.

872. 답 :
　　명칭과 형태에 의해서
　　감각에 의한 외계의 접촉이 일어나고
　　모든 소유욕은 바라는 마음 때문에 일어난다.
　　그러므로 욕구가 없을 때
　　〈내것〉이라는 아집이 존재하지 않는다.
　　형태가 모두 소멸함으로써
　　감각에 의한 외계의 접촉도 정지된다.

873. 문 :
　　어떤 식으로 수행해야만 형태가 소멸하는가.
　　괴로움과 즐거움은 어떻게 소멸되는가.
　　이를 자세히 말해 주지 않겠는가.

874. 답 :
　　사고(思考)를 방치해서도 안 되며,
　　사고를 잘못된 길로 가게 해서도 안 되며,
　　사고를 모두 소멸시켜서도 안 된다.
　　이렇게 이해한 자의 형태는 소멸한다.
　　대개 잘못된 견해가 이는 것은
　　지나치게 생각하는 버릇이 있기 때문이다.

875. 문 :
　　우리가 묻는 것을 답해 주기 바란다.
　　우리는 지금 또 다른 질문을 하려고 한다.
　　어떤 현자들은

시(詩)의 장

「이 상태만이 영혼의 가장 순수한 경지다」라고 말한다.
그러나 이 이상으로
「또 다른 어떤 청정한 경지」가 있다고
말하는 사람도 있는지 알고 싶다.

876. 답 :
소위 현자라고 자처하는 사람들은
「영혼의 가장 순수한 경지는 이것뿐이다」라고 말한다.
더욱이 그들 가운데 어떤 사람들은
전멸(全滅)을 말하기도 한다.
정신도 육체도 남김없이 소멸하는 속에
가장 순수한 경지가 있다고 교묘하게 말하고 있다.

877. 그러므로 현자는 이런 편견 속에는
속박이 있다는 것을 알고 있다.
이 모든 속박을 통찰하여 자유롭게 된 후에는
더 이상 말싸움을 하지 않는다.
그리고 그는 이제 되풀이되는
이 생존 속으로 들어오지 않는다.

12. 문답, 그 첫째

878. 사람들은 제각기 다른 견해를 고집하면서
서로 의견을 달리하여 싸우고 있다.

스스로들 〈진리를 아는 자〉라 자칭하며
여러 가지 논쟁을 하고 있다.
「이것을 안 사람은 진리를 아는 자이며
이것을 비난하는 사람은 불완전한 자」라 말하면서.

879. 그들은 모두 이같이 각기 다른 견해를 품고서
「너(상대방)는 어리석은 자다.
아직 진리에 이르지 못했다」고 비난한다.
그들은 모두 「보라, 나야말로 신리를 아는 사」라고
외쳐대고 있다.
그러나 그들 가운데 누구의 말이
과연 진실한 말이겠는가.

880. 자기 견해만을 고집하고
상대방의 견해를 전혀 인정하지 않는 자가 어리석은 자라면,
정말 저질스럽고 무지한 자라면,
각자의 편견만을 고집하고 있는 그들 자신이야말로
어리석은 자, 무지한 자가 아니겠는가.

881. 또한 자기 자신의 견해에 의해서 정화될 수 있다면,
진리에 이른 자, 예지로운 자가 될 수 있다면,
그들 가운데 지성이 없는 자는 어느 누구도 없을 것이다.
그러므로 그들의 견해는 그 점에서만은
모두 똑같이 완전한 것이 아니겠는가.

882. 어리석은 자들이 서로 상대방을 헐뜯는 말을 듣고

「이것이 바로 진실이다」라고 나는 말하지 않는다.
그들은 오직 자기 자신의 견해만을
가장 진실한 것으로 보고 있다.
그러기에 그들은 상대방을
모두 〈어리석은 자〉라고 단정을 내리는 것이다.

883. 갑이라는 사람이 「그것은 진리다」라고 말하는 것을
을은 또 이렇게 뒤집고 있다. 「그것은 진리가 아니다.」
이처럼 사람들은 서로 다른 견해를 가지고
도처에서 말싸움을 벌이고 있다.
왜, 무엇 때문에 수행자들조차
동일한 것을 동일하게 말하지 않고 있는가.

884. 진리는 하나요, 둘일 수 없다.
그러므로 진리를 안 사람은 다투지 않는다.
그러나 사람들은 제각기 다른 진리를 찬양하고 있다.
그러므로 모든 수행자들은
동일한 것을 동일하게 말하지 않는 것이다.

885. 스스로 진리를 알았다고 자처하는 사람들이
왜 각기 다른 진리를 말하고 있을까.
그들은 그 각기 다른 진리를 남에게서 들은 것일까.
아니면 그들 자신의 깊은 사색의 결과일까.

886. 이 세상에는 여러 가지로 다른 진리가
영구히 존재하고 있는 것은 아니다.

숫타니파타

다만 사람들이 그것을 영구히 존재한다고
상상하고 있을 뿐이다.
그들은 모두 편견에 붙박혀서
잡다한 생각들을 이리저리 굴려가면서
「내 말은 진리요, 남의 말은 거짓이다」라고
편협된 주장을 하고 있는 것이다.

887. 편견과 학문, 계율과 사상,
이런 것에 근거하여 상대방의 주장을 널시하면서
그들은 자신의 주장을 정당화하며 기뻐하고 있다.
「내 견해와 상반되는 자는 모두 어리석은 자,
무능한 놈」이라고 비웃으면서.

888. 자기와 반대 의견을 가진 자는 어리석다고 말하면서
자신을 진리에 이른 완성자로 간주하고 있다.
그는 스스로를 진리의 사도로 자처하면서
다른 사람을 눈 아래로 보고 그렇게 말하는 것이다.

889. 그는 그릇된 견해로 가득 차 있고
자기 위에는 도무지 사람이 없는 줄 알고 있다.
그리고 또 자신을 완벽하다고 여기며
자신을 현자라고 착각하고 있다.
그의 그런 잘못된 견해가
그 자신에게 있어서는 이렇듯 완전해 보이기 때문이나.

890. 만일 상대방이 자기를 어리석은 자라고 말했기 때문에

정말 어리석은 자가 되는 것이라면
그렇게 말한 사람 자신도
상대와 함께 역시 어리석은 자가 되지 않을 수 없다.
또한 자신을 〈진리를 아는 자〉라 칭한다면
이 세상에 어리석은 자는
단 한 사람도 존재하지 않을 것이다.

891. 「나의 가르침 이외에
다른 어떤 가르침을 이야기하는 사람들은
모두 타락한 자, 불완전한 자들이다」라고
이교도들은 이렇게 말하고 있다.

892. 「나의 가르침만이 순수하다.
이 외의 모든 가르침은 순수하지 않다」라고
이교도들은 자신의 편견을 고집하면서
아집과 독선을 다지고 있다.

893. 자신의 견해만을 굳게 고집하면서
상대방을 어리석은 자라고 보고 있는가.
「너는 어리석다. 너는 잘못되었다.」
상대방을 이런 식으로 얕잡아 보고 있는가.

894. 일방적으로 결정한 자신의 입장에 서서
자기 자신을 뛰어나다고 생각했기 때문에
그에게는 끝없이 말싸움이 일어난다.
그러나 이 모든 편견을 버린다면

숫타니파타

그 누구도 그에게 말싸움을 걸지 않을 것이다.

13. 문답, 그 둘째

895. 이런 식으로 편견을 고집하면서
「이것만이 진리」라고 말하는 사람들,
그들은 모두 남들에게 비난을 받는다.
또 일부의 추종자들은 그들과 동조하여
그들을 높이 추켜올릴 것이다.

896. 비록 칭찬을 받는다 해도 그것은 잠시뿐
길이 편안함을 얻을 수 없다.
논쟁의 결과는 결국 〈칭찬〉 아니면 〈비난〉,
이 두 가지일 뿐이다.
이런 이치를 잘 알아서
그대들은 논쟁의 물결이 모두 자버린
니르바나 저 언덕을 향해 나아가거라.
어떤 경우에도 말싸움을 해서는 결코 안 된다.

897. 저속한 친구들이 품고 있는 이들 세속적인 견해에
지혜로운 이는 결코 가까이 가지 않는다.
그들은 보고 들은 것에 대해서
「이것이다」라고 단정하지 않기 때문에
어떤 장애도 장벽도 있을 수 없다.

898. 계율만이 최고라고 여기고 있는 사람들은
「절제에 의해서만이 순결해질 수 있다」
이렇게 주장하고 있다.
그들은 스스로를 〈진리에 이른 자〉라 자처하면서
유전하는 이 생존 속으로 다시 끌려 들어오고 있다.

899. 혹 어쩌다가 계율을 어긴다면
그는 두려움에 떨면서 불안해 할 것이다.
「계율을 지킴으로써만이
순수한 경지에 이를 수 있다」고 부르짖으며
그는 몹시 비탄해 할 것이다.
동료들로부터 뒤쳐진 상인이 그 동료들을 찾아 헤매듯,
집을 나온 나그네가 객지를 떠돌면서
자나깨나 고향집을 그리워하듯.

900. 그러므로 계율만을 너무 고집하지 말라.
나쁜 행위와 좋은 행위를 모두 버려라.
순수를 바라지도 말고 순수치 않음을 바라지도 말고
그 어떤 것에도 붙잡히지 말고 가거라.
평화만을, 평화만을 너무 강조하지도 말라.

901. 극심한 고행을 통해서
또는 보고 듣고 사색한 것을 통해서
〈순수〉를 소리 높이 찬양하고 있지만
그러나 욕망에서 완전히 떠나지 않으면
변천하는 이 생존권(生存圈)을 벗어날 수 없느니.

숫타니파타

902. 구함이 있는 곳에는 욕망이 있고
계획이 있는 곳에는 두려움이 있다.
그러나 삶도 죽음도 존재하지 않는 자[94)]
그는 무엇을 두려워하겠는가. 무엇을 더 바라겠는가.

903. 어떤 사람이 〈최고의 가르침〉이라 칭하는 것을
또 어떤 사람은 〈가장 낮은 가르침〉이라 말하고 있다.
그렇다면 이 중에서 누구의 말이 과연 진실인가.
그들은 하나같이
「나야말로 정말 진리에 이른 자」라 칭하고 있으니.

904. 그들은 자기의 가르침은 〈완전하다〉고 하며
다른 사람의 가르침은 〈비열하다〉고 말하고 있다.
그들은 이처럼 서로 다른 의견을 품고 논쟁을 하며
제각기 자기의 가설을 진리라고 주장한다.

905. 남들이 비난하기 때문에 낮은 가르침이라면
이 모든 가르침 가운데 뛰어난 가르침은
단 하나도 존재하지 않을 것이다.
대개 사람들은 자기의 가르침만을 굳게 주장하면서
남의 가르침을 저질스럽다고 말하기 때문이다.

906. 그들은 자신의 길을 칭찬하는 것과 마찬가지로
자신의 가르침만을 높이 받들고 있다.
그렇다면 이 세상의 모든 가르침들이
그대로 진실일 것이다.

시(詩)의 장

그들은 모두들 자신의 길만이
가장 순수하다고 주장하기 때문이다.

907. 진정한 수행자는 다른 사람에게 이끌려 가지 않는다.
또 이 모든 것에 대하여 단정을 내려 고집하지도 않는다.
그러므로 모든 논쟁을 초월해 있으며
그리고 다른 여러 가르침을 특별히 우러러 보지도 않는다.

908.「나는 알았다. 나는 이렇게 봤다」고 확신하는
이 견해로 하여 순수해질 수 있다고 어떤 사람들은 말한다.
그러나 그가 그렇게 봤다 하더라도
그것이 그대 자신에게 무슨 보탬이 된단 말인가.

909. 보는 사람은 명칭과 형태를 볼 것이다.
보고 나서는 그것들을「영원하고 즐겁다」고 할 것이다.
그가 본 대로 그렇게 즐거워하도록 내버려 두라.
그러나 진리에 이른 사람은 결코 이를 인정하지 않는다.
「그것(보는 것)에 의해서 순수해질 수 있다.」
이런 식으로는 결코 말하지 않았으니.

910.「나는 알았다. 나는 봤다」는 이것만을
굳게 고집하고 있는 사람은
스스로가 만든 편견에 붙잡혀 있는 것이다.
그러므로 그를 거기에서 끌어낸다는 것은
여간 어려운 일이 아니다.
자신의 입장만이 타당하며

여기에만이 순수에 이르는 길이 있다고
끝끝내 고집하는 사람,
이런 사람을 일러
〈한쪽밖에 볼 줄 모르는 자〉(편견의 소유자)라 한다.

911. 진정한 수행자는 시간의 속박을 받지 않으며
또한 생존의 제약을 받지도 않는다.
그는 어떤 견해에도 끌려가지 않으며
지식에도 결코 오염되지 않는다.
그리고 세상 사람들 사이에서 일어나는
저 갖가지 견해의 가시밭을
손쉽게 뚫고 지나가 버린다.
사람들은 너나없이 지식의 쟁취에 혈안이 되고 있지만
그러나 그는 이런 것에도 전혀 관심이 없다.

912. 현자는 이 세상의 모든 속박을 버렸으므로
논쟁이 일어나더라도 그 어느 편에도 가담하지 않는다.
불안한 무리들 속에 있으면서도
그는 오히려 편안하고 넉넉하다.
다른 사람들은 모두 집착의 늪속에서 초조해 하고 있지만.

913. 그는 과거의 오염을 이미 버렸고
또 새로운 오염을 만들지도 않는다.
욕망에 이끌려 방황하지도 않으며
편견에 사로잡혀 떠들어대지도 않는다.
그는 모든 이 편견에서 벗어나 있으므로

시(詩)의 장

더 이상 이 세상에 오염되지도 않으며
자신을 지나치게 꾸짖지도 않는다.

914. 보고 배우고 사색한 어떤 것에 대해서도
그는 절대로 적대감을 갖지 않는다.
그는 선입관념의 짐을 벗어 버렸다.
그는 더 이상 시간에 예속되지 않으며
죽음 앞에 무릎 꿇지도 않는다.
그는 더 이상 아무것도 바라지 않는다.

14. 빠 름

915. 문 :
태양의 후예인 당신에게 묻습니다.
은둔의 생활에 대해서
그리고 니르바나의 경지에 대해서 묻습니다.
수행자는 어떻게 해야만
이 세상에서 어느것에도 집착하지 않고
니르바나 저 언덕으로 갈 수 있습니까.

916. 답 :
「나는 지혜롭다」는
이 착각을 남김없이 잘라 버려라.
내적으로 일어나는 욕망을 모두 정복해 버려라.

그리고 언제나 생각을 깊게 가져라.

917. 안으로나 밖으로나 철저히 진리를 알도록 하라.
그러나 그로 하여 거만해서는 결코 안 된다.
진리에 도달한 사람들은
「그것이 축복」이라고는 말하지 않았다.

918. 자기 자신을 다른 사람보다 뛰어나다거나 못하다거나
또는 다른 사람과 동등하다고 생각지 말라.
사람들로부터 질문을 받을 때는
굳이 자신을 돋보이려고 애쓰지 말라.

919. 안으로 가득 차도록 하라.
밖으로 밖으로만 편안을 구하지 말라.
안으로 가득 채워진 사람은
침착해야 할 것도, 거부해야 할 것도
더 이상 존재하지 않는다.

920. 바다, 저 깊은 곳에서는 파도가 일지 않듯
그같이 수행자는 어떤 것에 대해서도
욕망의 잔파도를 일으키지 말라.

921. 문 :
눈뜨신 분이여, 당신의 경험을 통해서
이 모든 위험의 극복을 말해 주십시오.
진리의 올바른 길을 일러주십시오.

자기 절제와 정신집중에 대해서 말해 주십시오.

922. 답 :
눈으로 본 것을 탐하지 말라.
저속한 말에 귀를 기울이지 말라.
맛을 탐하지 말라.
이 세상에 있는 어떤 것도
내것이라고 고집하지 말라.

923. 괴롭고 고통스러운 일을 당하더라도
수행자는 결코 슬퍼해서는 안 된다.
이 생존을 너무 탐하지 말고
두려운 어떤 경우를 만나더라도 무서워하지 말라.

924. 음식이나 의복 등을 너무 많이 비축해 두지 말라.
또 이것들을 충분히 갖지 못했다 하여
지나치게 걱정해서도 안 된다.

925. 언제 어디서나 명상의 자세를 잃지 말라.
그리고 되도록이면
한적한 곳에 머물러 살아야 한다.

926. 잠을 너무 많이 자지 말라. 매사에 최선을 다하라.
언제나 깨어 있으라.
게으름과 거짓을 버려라.
쓸데없이 희희닥거리며 몰려다니지 말고

순수성을 잃지 말고 지나친 허세를 버려라.

927. 진정한 수행자는 점을 치거나 꿈을 해몽하지 않는다.
사주나 관상을 보거나 남의 운명을 가지고
이렇다 저렇다 왈가왈부하지도 않는다.

928. 수행자는 비난을 받아도 걱정하지 않고
칭찬을 받아도 우쭐대지 않는다.
수행자는 탐욕과 간탐과 분노,
그리고 거친 욕설을 하지 않는다.

929. 수행자는 사고 파는 일에
지나치게 참견해서는 안 된다.
남들로부터 비난을 받지도 말고
아무하고나 함부로 교제하지도 말라.
이익만을 노리는 사람들과는
아예 말 상대도 해주지 말라.

930. 수행자는 결코 거만해서는 안 된다.
또 자신의 이익을 위해서
은근히 선동하는 말을 하지 말라.
그리고 불화(不和)를 가져오는 언행은
되도록이면 삼가야 한다.

931. 빈말을 하지 말라.
다 알면서도 사악한 짓을 해서는 안 된다.

시(詩)의 장

또 생활이나 지식, 도덕이나 계율에 관해서
자신이 남보다 뛰어나다고 생각해서는 안 된다.

932. 수행자는 사람들로부터 온갖 욕설을 먹더라도
불쾌한 표정으로 여기에 응해서는 안 되며
거친 말로 마주 대꾸해서도 안 된다.
진정한 수행자는 어떤 경우에도
적대적인 대답은 하지 않는다.

933. 수행자는 이런 이치를 잘 알아서
언제나 깊이 생각하며 배워야 한다.
축복은 평화 속에 있다는 것을 늘 명심하고
스승의 가르침을 열심히 따라야 한다.

934. 그는 남을 정복한 승자가 아니라
자기 자신을 정복한 자기 자신의 승리자다.
그는 남에게서 들은 것이 아니라
스스로가 체험한 진리를 알고 있다.
그러므로 그는 언제나 스승의 가르침을 깊이 따르고 있다.

15. 무기(武器)에 대하여

935. 총칼을 잡으면서 두려움이 시작되었다.
보라, 서로 죽이고 있는 이 사람들을 보라.
지금부터 나는 이 비참한 일에 대하여

내가 아는 대로 말하고자 한다.

936. 물이 말라 가는 연못의 고기와 같이
사람들은 두려움에 떨고 있다.
그들은 서로가 서로의 목숨을 노리고 있다.
이를 보자 서늘한 공포가
거친 바람처럼 나를 휩쓸었다.

937. 이 세상은 그 어느 곳도 견고하지 않다.
보라, 모든 곳이 지금 지진대 위에서 흔들리고 있다.
영원히 살 수 있는 내집을 찾아봤지만
그러나 그런 곳은 아무데도 없었다.
죽음과 고뇌가 닿지 않는 곳은
이 세상 어디에도 존재하지 않았다.

938. 살아 있는 것은 결국 모두 부숴져 버리는 것을 보고
나는 몹시 불만스러웠다.
그리고 나는 보았다.
그들의 심장 속에는 고통의 화살이 깊이 박혀 있음을.

939. 이 화살을 맞은 자는
동쪽에서 서쪽으로 마구 미쳐 날뛰고 있다.
그러나 이 화살을 뽑아 버리면 거친 바람은 자고
고요한 저 니르바나의 휴식이 온다.

940. 이 세상을 살아가자면 많은 것을 배워야 한다.

시(詩)의 장

그러나 그 때문에 구속을 받아서야 되겠는가.
이 모든 욕망의 벽을 꿰뚫고
니르바나, 저 길을 향해 나아가라.

941. 수행자는 성실해야 한다.
거만하지 않고 거짓이 없으며
말을 악하게 해서도 안 된다.
증오하는 마음이 없으며
사악과 간탐을 멀리 벗어나야 한다.

942. 잠과 게으름을 정복하고
그 마음으로 하여금 니르바나 저 길을 향해 가게 하라.
무기력함에 빠지지 말고 자만에도 빠지지 말라.

943. 거짓에 끌려가지 말라. 겉모양에 유혹당하지 말라.
욕망을 꿰뚫고 지나가라.
폭력을 삼가면서 가라.

944. 옛것을 너무 좋아하지도 말고
새것에 지나치게 매혹당하지도 말라.
그리고 사라져 가는 것에 대하여
지나치게 슬퍼해서도 안 된다.
잡아 끄는 자(妄執)에게 사로잡혀서도 안 된다.

945. 나는 그(잡아끄는 자)를 탐욕이라 부른다.
거센 격류라 부른다.

숫타니파타

불안초조 근심걱정이라 부른다.
건너기 어려운 저 욕망의 늪이라 부른다.

946. 진정한 수행자는 진실로부터 이탈하지 않으며
니르바나, 저 언덕에 굳게 서 있다.
일체를 버렸으므로 그는 진정한 평온에 이르렀다.

947. 그는 진리를 아는 자다.
그는 어떤 것에도 의지하지 않는다.
그는 이 세상에서 가장 인간다운 길을 가고 있다.

948. 이 세상의 뭇 욕망을 넘어선 사람,
극복하기 힘든 집착을 끊어 버린 사람은
이 생존의 흐름에 휩쓸려 가지도 않으며
속박되지도 않고 비탄해 하지도 않는다.
그리고 관념의 틀 속에 갇히지도 않는다.

949. 과거를 지워 버려라. 미래에 끌려가지 말라.
그리고 지금 현재에도 너무 집착하지 말라.
그러면 그대의 행위는 지극히 평온해질 것이다.

950. 명칭과 형태에 대한 욕망이 없으며
가진 것이 없다 해서 슬퍼하지 않는 사람,
이런 사람은 영원히 시들지 않는다.

951. 「이것은 내것이다. 저것은 당신의 것」
이런 생각이 전혀 없는 사람은

소유의 관념이 없기 때문에
가진 게 없어도 결코 비탄해 하지 않는다.

952. 「그는 시샘하지 않는다.
번뇌에 휘말려 고뇌하지 않는다.
그는 모든 것에 대해서 평등하다.」
흔들리지 않는 사람에 대해 묻는다면
나는 기꺼이 이렇게 말하리라.

953. 욕심의 손아귀에서 벗어난 사람, 그에게는
어떠한 인위적인 면도 존재하지 않는다.
그리고 그는 이 모든 곳에서
더없는 행복감을 느낄 것이다.

954. 현자는 자기 자신이
자기와 동등한 무리들 속에 있다고도 말하지 않고
자기보다 수준 낮은 무리들 속에 있다고도 하지 않으며
또한 자기보다 나은 무리들 속에 있다고도 하지 않는다.
그는 평온한 곳에 이르렀으며
헛된 욕심의 꿈에서 깨어났다.
그러므로 그는 그 어떤 것이라도
붙잡거나 거부하지 않는다.

16. 사리불

955. 사리불이 말했다 :
이렇게 아름답고 멋지신 이께서
투시타 하늘(도솔천)[95]로부터 내려오셨다는 것을
나는 아직 한번도 본 일이 없고
또 그런 이야기를 들어본 적도 없습니다.

956. 눈뜨신 분은 인간과 신들의 세상에 나타나서
이 모든 어둠을 쓸어가 버립니다.
그리고 그분은
이 인간 무리의 안개 속을 홀로 걸어가고 있습니다.

957. 어디에도 의지하지 않으며 영원하신 분,
그리고 교활하지 않은 스승으로서
이 세상에 오신 당신께 묻습니다.
고뇌의 밧줄에 묶인 이 사람들을 대신하여
그들의 언어로 당신께 묻습니다.

958. 수행자는 저속한 무리들과 휩쓸리는 게 싫어서
인적이 드문 곳이나 나무 밑,
그리고 묘지 부근을 좋아하며[96]
때로는 산의 동굴 속에 머물기도 합니다.

959. 이 모든 곳에는 언제나

그 나름대로의 어떤 두려움이 있습니다.
그러나 수행자는 이런 적막한 곳에 있더라도
두려움에 떨어서는 안 된다는 것을 알고 있습니다.

960. 저 영원의 땅(니르바나)을 찾아가는 사람에게는
언제나 위험이 뒤따르게 마련입니다.
수행자는 멀리 멀리 외딴 곳에 있더라도
이 모든 위험을 극복하지 않으면 안 됩니다.

961. 진리의 길을 가는 사람은
어떤 말을 해야 하며 어떤 행동을 해야 합니까.
또 그가 지켜야 할 계율과 맹세는
어떤 것이 있습니까.

962. 오직 자기의 길만을 가고 있는
현명하고 생각이 깊은 저 수행자는
어떻게 해야 마음에 묻은 먼지를
모두 털어버릴 수 있습니까.
금세공이 은(銀)에 묻은 은의 때를 벗겨내듯.

963. 스승의 답 :
저속한 무리들과 휩쓸리는 게 싫어서
인적이 드문 곳에 기거하며
깨달음을 체험하려는 사람이,
진리의 길을 가는 사람이 해야 할 것에 대해
사리불이여, 지금부터 나는

내가 아는 대로 그것을 말하리라.

964. 생각이 깊으며
분수를 지킬 줄 아는 현명한 저 수행자는
다음의 다섯 가지 공포에 떨어서는 안 된다.
파리와 모기, 뱀과 사악한 인간들,
그리고 네발 짐승(맹수)에 대한 공포.

965. 이교도들을 두려워하지 말라
그들의 세력이 불같이 치솟더라도
수행자는 오직 진리만을 추구하면서
이 모든 고난을 묵묵히 참고 견뎌야 한다.

966. 병고와 굶주림,
그리고 추위와 더위를 능히 참고 견뎌야 한다.
이런 것들이 사방에서 엄습해 오더라도
집 없는 구도자는
부디 용기를 잃지 말고 나아가야 한다.

967. 주지 않는 것을 빼앗지 말라.
헛된 말을 하지 말라.
약한 것이건 강한 것이건
살아 있는 이 모든 것에 대하여
언제나 사랑으로 대해야 한다.
그리고 마음의 동요를 느끼거든
악마의 무리라 생각해서 가차없이 이를 버려야 한다.

시(詩)의 장

968. 노여움과 오만에 지배되지 말라.
　　이 두 놈을 뿌리째 뽑아 버려라.
　　유쾌함과 불쾌함,
　　이 두 가지도 극복하지 않으면 안 된다.

969. 지혜를 제일로 중요시하라.
　　선을 사랑하라. 이 모든 위험을 뚫고 지나가라.
　　외진 곳에 기거하면서
　　모든 불편을 능히 참아야 한다.
　　그리고 다음의 네 가지 걱정을 극복하라.

970. 「무엇을 먹을까. 어디서 먹을까.
　　어젯밤은 편안히 자지 못했다.
　　오늘밤은 어디서 자야 하는가.」
　　집을 버리고 진리의 길을 가는 사람은
　　이 네 가지 걱정을 넘어서지 않으면 안 된다.

971. 적당한 때에 음식과 의복을 구하고
　　얻은 것으로 만족해 하라.
　　수행자는 옷과 음식을 함부로 낭비하지 않는다.
　　인가(人家)를 지날 때는 조심스럽게 갈 것이며,
　　욕설을 먹더라도 거친 말로 대꾸하지 말라.

972. 아래만을 보면서 갈 것이요,[97] 쓸데없이 돌아다니지 말라.
　　명상에 전념할 것이며 언제나 깨어 있으라.
　　마음을 편안히 갖고 근심 걱정과 분에 넘는 바람,

그리고 지나간 일에 대하여 지나친 후회는 삼가라.

973. 다른 사람에게 충고를 받으면 진심으로 감사해 하라.
같은 동료들에게 자기 주장만 너무 앞세우지 말고
감정을 다치게 말하지 말라.
그때 그 장소에 어울리는 말을 할 것이며
남을 헐뜯으려는 생각은 추호도 하지 말라.

974. 이 세상에는 다음의 다섯 가지 순수하지 않은 것이 있으니
조심스럽게 이것들을 제압하도록 하라.
형상, 소리, 맛, 냄새, 감촉.
이 다섯 가지에 대한 탐(貪)을 제압하라.

975. 수행자는 이것들에 대한 욕망을 절제하라.
진리를 깊이 사색하고 정신을 집중해서
무지(無知), 이 암흑을 제거하라.

시(詩)의 장

다섯번째

피안의 장

다섯번째 피안(彼岸)의 장

1. 서시(序詩)

976. 베다에 통달한 브라만 바바리는
   무소유의 경지를 얻기 위하여
   코살라국의 수도, 사위성을 떠나
   남쪽으로, 남쪽으로 내려갔다.

977. 그는 고다바리 강의 언덕에 살고 있었다.
   이삭을 주워먹고 나무열매를 따먹으면서….

978. 그 강의 언덕에서 가까운 곳에
   부유하고 인심 좋은 한 마을이 있었으니
   그는 그 마을에서 시주받은 재물을 모아
   큰 번제(燔祭)를 올렸다.

979. 그는 제사를 다 지낸 후에
   자기의 초암(草菴)으로 돌아왔다.
   그가 집으로 돌아오자
   거기 낯선 한 수행자가 와 있었다.

980. 발이 붓고 먼지투성이인 그는
　　더러운 이빨과 헝클어진 머리로 바바리에게 다가왔다.
　　다가와서는 오백냥의 황금을 요구했다.

981. 바바리는 그에게 자리를 권하고
　　친절하게 안부를 물었다.
　　그리고는 다음과 같이 말했다.

982. 「수행자여, 내가 가지고 있던 돈은
　　오늘 번제의식에 모두 써버렸다.
　　수행자여, 대단히 죄송하지만
　　나에게는 지금 오백냥의 황금이 없다.」

983. 음, 내가 요구하는 이 오백냥의 황금을 주지 않게 되면
　　지금부터 일주일 후에
　　너의 머리는 일곱 조각으로 부숴질 것이다.

984. 이렇게 그 간악한 수행자는
　　저주의 의식을 하며 무서운 말을 했다.
　　이 저주의 말을 들은 바바리는 무척 고민하기 시작했다.

985. 바바리는 고뇌의 화살에 맞아
　　밥도 제대로 먹지 못하고 기가 죽어 있었다.
　　이제 명상도 더 이상 즐겁지 않았다.

986. 그가 이렇게 고뇌하고 있는 것을 보고
　　그의 초암을 보호하는 여신(女神)은

그를 도와주려고 그에게 나타나서 이렇게 말했다.

987. 바바리여, 너무 걱정하지 말아라.
그(수행자)는 머리에 대한 것을 전혀 알지 못한다.
그는 재물을 탐하는 사기꾼이다.
머리도, 머리가 부숴지는 것도, 그는 전혀 알지 못한다.

988. 바바리 :
그렇다면 여신이여, 당신은 알고 있겠지요.
머리와 머리가 일곱 조각으로 부숴지는 것에 대해서
말해 주시기 바랍니다.

989. 여신 :
나 역시 그것을 알지 못한다.
그것에 관한 지식을 나는 전혀 갖고 있지 않다.
머리와 머리가 부숴지는 것은
자기 자신을 정복한 저 위대한 승리자(고다마)만이
알 수 있는 것이다.

990. 바바리 :
그렇다면 이 세상에서
그것을 알고 있는 자가 누구입니까.
여신이여, 저에게 친절하게 가르쳐 주십시오.

991. 여신 :
오래전에 카빌라 성에서 출현하신 스승이 있다.

피안(彼岸)의 장

그분은 거룩한 왕의 후예 석가족의 아들로서
이 세상을 밝게 비추고 있다.

992. 바바리여, 그분은 눈뜨신 분이며,
이 모든 것의 극치에 이른 분이며,
지혜의 모든 힘을 얻으신 분이며,
모든 것을 투시할 수 있는 예지의 눈을 가지신 분이다.
그리고 그분은 또 이 모든 것의 소멸 속에서 벗어나
저 영혼의 자유를 얻으셨다.

993. 눈뜨신 그분은 진리의 빛으로 이 세상을 비추고 있다.
바바리여, 너는 그분을 찾아가거라.
가서 그분께 그것을 물어봐라.

994. 이 말을 들은 바바리는 몹시 기뻤다.
이제까지의 걱정은 사라지고 거기 기쁨이 솟았다.

995. 바바리는 다시 여신에게 물었다.
「고다마 스승은 지금 어느 마을에 머물고 있습니까.
어서 가서 눈뜬 그분을 만나 봐야겠습니다.」

996. 여신 :
그는 지금 코살라국의 수도
저 사위성에 머물고 계신다.

997. 바바리는 그의 제자들에게 말했다 :
자, 여기로 오너라. 나는 그대들에게 할 말이 있다.

지금부터 내 말을 귀담아 듣기 바란다.

998. 눈뜨신 분이 지금 이 세상에 오셨다.
그대들은 지금 곧 사위성으로 가거라.
가서 그분을 만나 봐라.

999. 제자들 :
선생님, 그 사람의 무엇을 보고
〈눈뜬 분〉이라 할 수 있습니까.
눈뜨신 분을 식별하는 법을 우리는 모릅니다.
그것을 우리에게 일러주십시오.

1000. 바바리 :
저 베다의 문헌을 봐라.
거기 서른두 가지 성자의 특성(三十二相)이
자세히 기록되어 있다.

1001. 몸에 이 서른두 가지 성자의 특성이 있는 사람은
다음의 두 가지 길이 있을 뿐이다.

1002. 이런 사람이 이 세상에 머물게 되면
천하를 지배하게 될 것이다.
형벌과 무기와 형법이 아니라
봄바람같이 훈훈한 덕으로 온 누리를 다스릴 것이다.

1003. 그러나 그가 세상을 나와 집 없는 수행자의 길을 간다면
무지의 베일을 벗겨 버리고 눈뜨신 분(부처)이 되어

피안(彼岸)의 장

모든 사람들의 존경을 받게 되리라.

1004. 그러므로 그대들은 그분을 찾아가서
나(바바리)의 연령과 이름,
그리고 신체의 특징과 베다의 지식,
제자들과 머리와 머리가 부숴지는 것에 대해서
말은 하지 말고 오직 마음속으로 물어봐라.

1005. 혹 그분이 부처,
거침없이 보는 이라면
마음속으로 물은 것을 말로써 답해 주리라.

1006. 바바리의 이 말을 듣고
그의 제자 열여섯 명은 서둘러 길 떠날 채비를 했다.
즉 아지타, 티사메티야, 푼나까, 메타구,

1007. 도따까, 우파시바, 난다, 헤마까,
토데야, 깝빠, 그리고 현자 가투깐니,

1008. 바드라부다, 우다야, 브라만 포살라,
현자 모가라쟈, 그리고 요가 수행자 핑기야.

1009. 이 열여섯 명의 구도자들은
모두 각각 그 문하생들을 거느리고 있었다.
그리고 그들은 또 명상의 심오한 경지를 체험했으며
평온한 경지를 얻은 사람들로서
그 근본이 훌륭한 이들이었다.

1010. 장발의 머리를 하고 양가죽 옷을 입은 그네들은
바바리에게 인사를 한 다음 북쪽을 향해서 출발했다.

1011. 그들은 알라까의 수도 파티따나로 갔다.
거기에서 다시 옛 도시 마하사티로,
우제니로, 고나다로, 베디사로, 바나사바야로 갔다.

1012. 또 거기에서 다시 코삼비로, 사케따로,
그리고 최고의 도시 사위성(舍衞城, Savatti)[98]으로 갔다.
여기에서 세타비야로, 카필라바투(카빌라 성)로,
쿠시나라(쿠시나가라) 궁전으로 갔다.

1013. 거기에서 다시 향락의 도시 파바로, 베살리로,
마가다국의 수도 왕사성(王舍城, Rajgir)으로 갔다.
왕사성으로 가서 그네들은
큰 바위와 나무가 우거진 곳(스승의 거주처)에 이르렀다.

1014. 목마른 자가 냉수를 찾듯,
장사치들이 큰 이익을 구하듯,
더위에 지친 사람이 나무그늘을 찾듯,
그들은 급히 스승이 머무는 산으로 올라갔다.

1015. 스승은 마침 그때 제자들에게 에워싸여
사자가 숲속에서 포효하듯
수행자들에게 진리의 말을 하고 있었다.

1016. 빛나는 저 태양과 같고

피안(彼岸)의 장

보름날 밤의 달과 같은
저 눈뜨신 분을 아지타는 보았다.

1017. 아지타는 부처의 몸에
성자의 특성이 모두 갖춰져 있음을 보고
기뻐하며 그 곁에 서서 마음속으로 이렇게 물었다.

1018. 「우리 선생 바바리의 연령을 말해 주십시오.
그리고 그의 이름과 특징을 말해 주십시오.
베다의 진리에 통달했는가를 말해 주십시오.
그는 몇 사람의 제자를 뒀는지요..」

1019. 스승 :
그의 연령은 120세요, 그의 이름은 바바리다.
그의 몸에는 성자다운 세 가지 특징이 있다.
그는 베다의 깊은 뜻에 통달했다.

1020. 그는 위인의 특징과 전설을 구비했으며
언어를 구사하는 능력과 예의 규범에 통달했다.
그에게는 500명의 제자가 있으며
그 자신이 가르치고 있는 진리의 극치에 도달했다.

1021. 아지타 :
욕망을 끊으신 최고의 인간이여,
우리 선생 바바리가 갖고 있는 특징들을
아주 자세히 설명해 주십시오.

숫타니파타

나의 궁금증을 모두 풀어 주시기 바랍니다.

1022. 스승:
그는 혀로써 그의 얼굴 전체를 덮을 수 있다.
그의 미간에는 부드럽고 하얀 긴 털(白眉)이 있다.
그리고 그의 성기는 말의 성기처럼
몸속에 깊이 감춰져 있다.
그대들이여,
그대들의 선생 바바리의 몸에는
이런 세 가지 특성이 있다.[99]

1023. 질문자가 아무 말도 하지 않았는데
스승이 그 질문에 답하고 있는 것을 보고
사람들은 모두 감격해 하며 합장을 했다.
그리고는 마음속으로는 이렇게 생각했다.

1024. 도대체 어떤 신이 마음속으로 그런 질문을 했을까.
스승은 도대체 누구의 물음에 답한 것일까.

1025. 아지타:
우리 선생 바바리는 머리에 대해서,
머리가 부숴지는 것에 대해서 알고 싶어합니다.
눈뜨신 분이여, 그것을 설명해 주십시오.
우리의 의혹을 풀어 주시기 바랍니다.

1026. 스승:

피안(彼岸)의 장

무지가 바로 머리인 줄 알라.
예지가
신앙과 사색과 명상, 그리고 결단력과 의지와 결합하여
이 무지의 머리를 부숴 버린다.

1027. 이 말을 듣고 그 젊은이(아지타)는 깊이 감격했다.
양털가죽의 옷을 벗어 왼쪽 어깨에 걸친 다음[100]
스승의 발에 엎드려 정중히 인사를 했다.

1028. 아지타 :
훌륭하신 분이여, 브라만 바바리는
그의 제자들과 함께 기쁨에 찬 마음으로
당신에게 절하는 바입니다.
눈뜨신 분이여.

1029. 스승 :
브라만 바바리와 그의 제자들은
모두 기쁨 있으라. 영원히 살아 있으라.

1030. 바바리도, 그대들도, 어떠한 사람이라도
의문이 있어 묻고자 한다면
무엇이든 개의치 말고 물어봐라.

1031. 눈뜨신 이의 허락을 받고
아지타는 합장하고 앉아서
진리로부터 오신 이에게 첫번째의 질문을 했다.

2. 아지타의 물음

1032. 아지타가 물었다 :
이 세상은 무엇으로 덮여 있습니까.
이 세상은 무엇 때문에 빛을 발하지 않습니까.
이 세상을 더럽히는 것은 무엇입니까.
이 세상에서 가장 큰 두려움은 무엇입니까.

1033. 스승 :
아지타여, 이 세상은 무지로 뒤덮여 있다.
이 세상은 탐욕과 게으름 때문에 빛을 발하지 못하고 있다.
욕망이 이 세상을 더럽히고 있다.
고뇌야말로 이 세상에서 가장 큰 두려움이다.

1034. 아지타 :
욕망의 물줄기는 모든 곳을 향하여 흘러갑니다.
이 흐름을 그치게 할 수 있는 것은 무엇입니까.
이 흐름을 막을 수 있는 것은 무엇입니까.
이 흐름은 또 무엇으로 차단시킬 수 있습니까.

1035. 스승 :
아지타여,
도처에 흐르는 이 욕망의 물줄기를 그치게 할 수 있는 것은
〈생각을 깊게 하는 것〉이다.
생각을 깊게 함으로써 이 흐름을 막을 수 있다.

피안(彼岸)의 장

그리고 이 흐름은 지혜에 의해서 차단될 것이다.

1036. 아지타 :
지혜와 생각을 깊게 하는 것,
그리고 명칭과 형태는 어떤 경우에 소멸할 수 있습니까.

1037. 스승 :
아지타여, 그대의 물음에 답해 주리라.
식별작용이 멈춤으로써
명칭과 형태도 따라 소멸하는 것이다.

1038. 아지타 :
이 세상에는 진리를 탐구하는 사람들도 있고
배움만을 추구하는 사람들도 있으며
그저 평범하게 살아가는 사람들도 있습니다.
수행자는 어떻게 살아가고 있는지
그것을 말해 주십시오.

1039. 스승 :
수행자는 특히 감각적인 기쁨을 너무 탐해서는 안 된다.
그리고 마음을 어지럽게 가져서도 안 된다.
이 모든 사물의 그 진상을 잘 파악하고
깊이 생각하면서 그 자신의 길만을 묵묵히 가야 한다.

3. 티사메티야의 물음

1040. 티사메티야가 물었다 :
이 세상에서 만족할 줄 아는 사람은 누구입니까.
흔들리지 않는 사람은 누구입니까.
양극단을 이미 다 알고 있으면서
이 양극단에도 중간에도 머물지 않는
지혜로운 저 사람은 누구입니까.
당신은 어떤 사람을 〈위대한 사람〉이라 부릅니까.
그리고 눈먼 바람을 넘어선 사람은 또 누구입니까.

1041. 스승 :
감각적인 기쁨에서 멀리 벗어나
눈먼 저 바람으로부터 자유로운 사람,
언제나 생각이 깊고 통찰력이 있는 사람,
이런 사람은 절대로 동요하지 않는다.

1042. 그는 또 양극단을 다 알고 있으므로
이쪽에도 저쪽에도, 그리고 중간에도 머물지 않는다.
나는 그를 〈위대한 사람〉이라 부르나니
그는 이 세상에 살면서 눈먼 바람을 넘어서 있다.

4. 뿐나까의 물음

1043. 뿐나까가 물었다 :
죄악의 근원을 보았으므로
그 어디에도 동요하지 않는 당신께 묻습니다.
사람들은 왜 그렇게 열심히
신에게 제물을 바치고 있습니까.

1044. 스승 :
뿐나까여, 사람들이 신에게 제물을 바치는 것은
다름이 아니라 늙은 뒤에까지도
지금과 같은 생존상태를 희망하고 있기 때문이다.
늙고 쇠약해지는 것을 두려워하고 있기 때문이다.

1045. 뿐나까 :
그렇다면 그런 식으로 열심히 신에게 번제물을 바침으로써
늙고 쇠약해지는 것을 뛰어넘을 수 있다고 보는지요.
친절하신 분이여,
내가 이해할 수 있도록 가르쳐 주시기 바랍니다.

1046. 스승 :
뿐나까여, 사람들은 희망에 부풀어 찬양하며
열심히 번제물을 바치고 있다.
그로 하여 뜻한 바를 이루려고 갈망하고 있다.
그러므로 이런 식으로 번제물을 바치는 사람들은

이 생존에 대한 탐욕에서 길이 벗어날 수 없느니
그들은 결코 탄생과 늙음의 차원을 넘어가지 못한다.

1047. 푼나까 :
신에게 예배를 드리는 그 종교의식에 의해서도
늙고 쇠약함의 차원을 넘어가지 못한다면
친절하신 분이여,
이 세상에서 탄생과 늙음의 차원을
저 멀리 넘어갈 수 있는 사람은 누구입니까.

1048. 스승 :
푼나까여, 이 세상의 모든 것을 잘 통찰하고
어떤 곳에서나 전혀 흔들리지 않는 사람,
욕망의 연기가 없어 편안한 사람,
고뇌 없고 헛된 바람도 없는 사람,
이런 사람은 탄생과 늙음의 차원을 넘어선 사람이다.

5. 메타구의 물음

1049. 메타구가 물었다 :
고다마여, 당신에게 묻습니다.
당신은 진리의 체험자, 마음밭을 잘 가꾸신 분입니다.
이 세상의 갖가지 고뇌는
도대체 어디로부터 비롯된 것입니까.

1050. 스승 :
메타구여, 그대는 지금 고통이 생겨나는
그 원인을 묻고 있다.
이 세상의 모든 고통은 집착 때문에 일어나는 것이다.

1051. 무지하기 때문에 집착하게 되며
어리석기 때문에 또다시 그 고통 속으로 휘말려 들어간다.
그러므로 현명한 사람은 집착을 하지 않는다.
다시 태어남의 원인을 결코 만들지 않는다.

1052. 메타구 :
당신은 우리의 물음에 친절한 답을 줬습니다.
이제 나는 또 다른 것에 대하여 묻고자 합니다.
현자들은 어떻게 이 거센 물결을 건너갔으며,
탄생과 죽음, 그리고 근심과 슬픔을 극복할 수 있었습니까.
모든 것을 꿰뚫어 보시는 분이여,
당신에게 자세한 설명을 듣고자 합니다.

1053. 스승 :
메타구여, 남에게서 전해 들은 이야기가 아니라
나 자신이 몸소 체험한 이 진리를
나는 그대에게 말해 주리라.
분명한 이 진리를 잘 알아서 깊이 생각하며 나아가거라.
그러면 그대도 이 세상에서 모든 집착을 넘어서게 되리라.

1054. 메타구 :

위대하신 분이여, 당신이 몸소 체험하신
그 최상의 진리를 나는 기꺼이 받아들이겠습니다.
그 진리를 잘 알아서 깊이 생각하며 가고자 합니다.
이 세상의 모든 집착을 뛰어넘고자 합니다.

1055. 스승 :
메타구여, 위와 아래, 그리고 옆과 중간,
그 어느 곳에서도 그대가 알고 있는 이 모든 것에 대하여
지나친 편애와 편견, 그리고 분별심을 버려라.
덧없이 변해 가는 이 생존 상태에
더 이상 머물려 하지도 말 것이니라.

1056. 이렇게 깊이 생각하며 부지런히 나아가는 수행자는
〈내것〉이라는 이 소유 관념을 버리나니
탄생과 늙음, 그리고 근심과 슬픔마저 넘어가나니.
지혜로운 자가 되어 이 고통에서 떠나가거라.

1057. 메타구 :
당신의 말을 들으니 참 기쁩니다.
눈뜨신 분이여, 당신은 집착이 없는 경지,
저 니르바나를 잘 설명해 줬습니다.
당신은 정말로 고뇌로부터 떠나신 분입니다.
당신은 진리를 속속들이 알고 계시는 분입니다.

1058. 성자여, 당신이 가르치고 이끌어 준 사람들도
역시 고뇌로부터 모두들 벗어났으리라 믿습니다.

피안(彼岸)의 장

빼어나신 분이여, 당신에게 다가가며 예배하오니
두 눈이 먼 나를 이끌어 주십시오.

1059. 스승 :
아무것도 소유하지 않은 사람,
욕망의 세상으로 나아가지 않는 사람,
그는 생존의 이 거센 흐름을 이미 건너
니르바나, 저 언덕에 도달했느니
그러므로 그의 마음에는 의심의 안개가 끼지 않느니.

1060. 그는 지혜로운 자이며 진리를 아는 자,
그는 생존에 대한 집착을 버렸으므로
고뇌도 없고 애타게 갈구하는 것도 없다.
그는 탄생과 늙음을 훨씬 넘어서 있다.

6. 도따까의 물음

1061. 도따까가 물었다 :
위대하신 분이여, 당신께 묻습니다.
당신의 가르침을 듣고 니르바나의 길을 가고자 합니다.

1062. 스승 :
도따까여, 지혜로운 자가 되라.
깊이 생각하고 부지런히 나아가거라.
나의 이 가르침을 귀담아 듣고

저 니르바나의 길을 배워야 한다.

1063. 도따까 :
이 세상에서 어떤 것도 소유하지 않은
저 진실한 구도자를 나는 보았습니다.
모든 것을 보고 계시는 분이여, 당신에게 절합니다.
눈뜨신 분이여, 내 눈에 끼는 이 의심의 안개를
저 멀리 널리 걷어가 주십시오.

1064. 스승 :
도따까여, 그대 마음에 끼인 그 의심의 안개를
낸들 어떻게 지워 버릴 수 있겠느냐.
다만 그대 자신이 니르바나의 진리를 안다면
그로 인하여 그대는
이 거센 물결을 건너갈 수 있을 것이다.

1065. 도따까 :
훌륭하신 분이여, 나를 연민히 여겨 주십시오.
이 고뇌로부터 멀리 떠나는 그 진리를 가르쳐 주십시오.
나는 허공처럼
그 어느 것에도 더러워지거나 흔들리지 않고자 합니다.
그리고 조용하게 나 자신의 길만을 가며
어떤 것에도 의지하거나 기대지 않고자 합니다.

1066. 스승 :
도따까여, 남에게서 전해 들은 이야기가 아니라

나 스스로 체험한 이 평화를 그대에게 말해 주리라.
이 진리를 잘 알고 생각을 깊게 하며 나아가거라.
그리고 이 세상의 집착을 모두 떼어 버려라.

1067. 도따까 :
위대하신 분이여, 당신이 몸소 체험한
그 진리를 나는 기꺼이 받아들이겠습니다.
이 진리를 잘 알아서 깊이 생각하며 나아가고자 합니다.
이 세상의 집착을 모두 넘어서고자 합니다.

1068. 스승 :
도따까여, 위와 아래, 그리고 옆과 중간의
그 어느 곳에서도 그대가 알고 있는 것은 무엇이든지
그것은 모두 결과적으로 집착이 원인임을 알아야 한다.
그러므로 변해 가는 이 생존에 대하여
붙잡으려고 애타게 발버둥치지 말아야 한다.

7. 우파시바의 물음

1069. 우파시바가 물었다 :
모든 것을 보신 분이여, 어떤 것에도 의지하고 않고
이 거센 물결을 나는 건너갈 수 없습니다.
이 거센 물결을 건너가는 데
내가 의지해야 할 그것에 대하여 말해 주십시오.

1070. 스승 :
　　우파시바여, 생각을 깊이 하며 무소유를 향해 걸어가거라.
　　「어떤 것도 존재하지 않는다」는 생각에 의지해서
　　저 거센 물결을 헤쳐 가거라.
　　모든 욕망을 뒤로하고 말싸움을 떠나서
　　니르바나, 저 절정을 밤낮으로 응시하라.

1071. 우파시바 :
　　감각적인 기쁨에 대한 이 모든 탐욕에서 떠나 있으며
　　모든 것을 버린 다음 저 무소유의 경지에 서서
　　생각으로부터 해방된 사람,
　　그는 더 멀리 나아가는 일 없이
　　거기 그렇게 안주하게 되는지요.

1072. 스승 :
　　감각적인 기쁨에 대한 이 모든 탐욕에서 떠나 있으며
　　모든 것을 버린 다음 저 무소유의 경지에 서서
　　생각의 세계로부터 해방된 사람,
　　그는 더 멀리 나아가는 일 없이
　　거기 그렇게 영원히 안주하게 될 것이다.

1073. 우파시바 :
　　모든 것을 보고 계시는 이여,
　　그가 앞으로 더 나아가는 일 없이
　　거기 그렇게 오랫동안을 머물러 있게 되면
　　그는 거기에서 해탈을 얻게 되는지요.

피안(彼岸)의 장

또 그의 의식작용은 뒤에까지도 존재하게 되는지요.

1074. 스승 :
우파시바여, 세찬 바람이 타오르는 불길을 꺼버렸다면
꺼진 그 불은 이제 더 이상 불이라고 말할 수 없다.
이같이 현자는 정신과 육체의 법칙으로부터 벗어났으므로
더 이상 생존하는 자라고 볼 수는 없는 것이다.

1075. 우파시바 :
그는 오직 그의 형태만이 사라져 버린 것입니까.
아니면 그는 이제 더 이상 존재하지 않는 것입니까.
그도 아니라면 그는 영원히
병과 고뇌로부터 벗어난 것입니까.
진리의 모두를 알고 계시는 이여, 이것을 말해 주십시오.

1076. 스승 :
우파시바여, 사라져 버린 자에게는 더 이상 형태가 없다.
그러므로 그를 두고
이렇다 저렇다 말할 필요가 없는 것이다.
이 모든 것이 완전히 사라지게 되면
이 모든 말싸움도 그에 따라 사라져 버리게 될 것이다.

8. 난다의 물음

1077. 난다가 물었다 :

이 세상에는 많은 현자가 있다고 사람들은 말합니다.
당신은 어떤 사람을 현자로 보는지요.
지식이 해박한 사람을 현자라 합니까.
아니면 간소한 삶을 살아가는 사람을 일러 현자라 합니까.

1078. 스승 :
난다여, 진리에 도달한 이들은 이렇게 말했느니
「철학적 견해에 의해서 또는 학문이나 지식에 의해서는
결코 현자가 될 수 없는 법.
욕망의 아프리카 군단을 격파했으므로
이제 더 이상 고뇌 없고 헛된 바람도 없이
오직 그 자신의 길만을 묵묵히 가고 있는 사람,
이런 사람이야말로 진정한 현자인 것이다.」

1079. 난다 :
고다마여, 당신을 제외한 다른 현자들은 말합니다.
「인간은 철학적 견해나 학문이나 지식에 의해서도
얼마든지 순수해질 수 있다.
그리고 계율이나 도덕에 의해서도
얼마든지 깨끗해질 수 있으며
이 외의 다른 많은 방법을 통해서도
얼미든지 순결을 되찾을 수 있다.」
고다마여,
그네들은 이런 식으로 자신들을 잘 절제하고 있습니다.
그렇다면 과연 이렇게 하는 것만으로

피안(彼岸)의 장

태어남과 늙음의 차원을 넘어갈 수 있는지요.
여기 분명한 답을 내려 주시기 바랍니다.

1080. 스승 :
난다여, 그네들은 하나같이
철학적 견해와 학문이나 지식에 의해서
인간은 다시 순수해질 수 있다고 말하고 있다.
또 계율이나 도덕을 지키는 그것만으로도
얼마든지 다시 순결을 되찾을 수 있다고 말하고 있다.
이 외의 다른 방법을 통해서도
이는 얼마든지 가능하다고 말하고 있다.
그러나 그네들이 그런 식으로 자신을 잘 절제한다 하더라도
태어나고 늙음을 극복할 수는 없을 것이다.

1081. 난다 :
그런 그네들 역시 아직 이 거센 흐름을 건너지 못했다면
신들과 인간의 세상에서
태어남과 늙음을 넘어간 사람은 누구입니까.
훌륭하신 이여, 친절하게 말해 주십시오.

1082. 스승 :
난다여, 나는 그네들이
태어남과 늙음에 갇혀 있다고는 굳이 말하지 않겠다.
견해를 버리고 학문과 지식마저 버린 사람,
사고(생각)를 더 이상 인정하지 않으며
계율과 도덕마저 버린 사람,

그리고 여타의 모든 방법마저 버린 다음
욕망의 심층부를 꿰뚫어 버린 사람,
그래서 그 마음에 전혀 번뇌의 먼지가 일지 않는 사람,
이런 사람이야말로
저 거센 물결을 이미 건너간 사람이 아니겠느냐.

1083. 난다 :
당신의 말을 들으니 기쁘기 그지없습니다.
당신은 다시 태어남이 없는 경지(니르바나)를
아주 멋지게 말씀하셨습니다.
철학적 견해와 학문적 지식,
그리고 계율과 도덕, 여타의 모든 방법을
미련없이 버리고 사고마저 인정하지 않는 사람,
그래서 그 마음에는 전혀
번뇌의 먼지가 일지 않는 사람이야말로
저 거센 물결을 이미 건너간 사람이라고
나 역시 그렇게 생각하는 바입니다.

9. 헤마까의 물음

1084. 헤마까가 물었다 :
훌륭하신 분이여, 당신의 가르침을 듣기 전에
다른 사람들이 말한 것,
즉「이전에는 이랬다. 앞으로는 이럴 것이다」라고

나에게 가르쳐 준 것은
모두 그네들이 단순히 전해 들은 것을
그대로 들려준 것에 불과합니다.
이런 것들은 하나같이
내 마음에 의심의 잔 파도만을 일으켰습니다.

1085. 깨달으신 이여, 욕망의 벽을 무너뜨릴 수 있는
그 진리를 나에게 말해 주십시오.
그 진리를 잘 관찰하고 깊이 생각하면서
나는 오직 나 자신의 길만을 가고자 합니다.
욕망의 이 거센 물결을 훨씬 넘어서.

1086. 스승 :
헤마까여, 이 세상에서 보고 듣고
생각하고 분별한 이 모든 것에 대하여
불같이 타오르는 욕망을 제거하는 것이
니르바나, 저 불멸의 경지가 아니겠느냐.

1087. 이를 잘 이해한 사람은 생각이 깊고 조용하다.
왜냐하면 그는 평화롭고 성스러운
저 진리를 보았기 때문이다.
그는 이제 이 세상에서 모든 집착을 훨씬 넘어서 있다.

10. 토데야의 물음

1088. 토데야가 물었다 :
더 이상 욕망 속에 머물지 않으며
집착의 마음이 전혀 없는 사람,
그리고 이 모든 의혹을 극복한 사람에게는
어떤 종류의 해탈이 가능합니까.

1089. 스승 :
토데야여, 더 이상 욕망 속에 머물지 않으며
집착의 마음이 전혀 없는 사람,
그리고 이 모든 의혹을 극복한 사람에게는
더 이상 해탈이 필요치 않다.

1090. 토데야 :
그에게는 더 이상 바람이 없습니까.
아니면 아직도 무엇인가를 더 원하고 있습니까.
그에게는 지혜가 있습니까.
아니면 그는 아직도 지혜를 얻고자
안간힘을 쓰고 있습니까.
석가족의 성자여, 모든 것을 보시는 이여,
그가 깨달은 사라는 것을 내기 알 수 있도록
자세히 설명해 주시기 바랍니다.

1091. 스승 :

피안(彼岸)의 장

그에게는 더 이상의 바람이 있을 수 없다.
그는 또 아무것도 원치 않는다.
그는 지혜롭지만
그러나 그는 지혜를 얻고자 애쓰지는 않는다.
토데야여, 깨달은 자는 바로 이런 사람이니라.
그는 어떤 것도 소유하지 않았으며
욕망의 이 생존에 대하여 더 이상 집착하지도 않는다.

11. 깝빠의 물음

1092. 깝빠가 물었다 :
무서운 격류가 밀려오고 있습니다.
물속에 잠겨 있는 사람들을 위해서
늙음과 죽음의 공포에 떨고 있는 사람들을 위해서
피난처를 일러주십시오.
고뇌조차도 침범할 수 없는
저 영원한 섬을 말해 주십시오. [101]

1093. 스승 :
깝빠여, 지금 무서운 격류가 밀려오고 있다.
그 물속에 잠겨 있는 사람들을 위해서
늙음과 죽음의 공포에 떨고 있는 사람들을 위해서
나는 그대에게 섬(피난처)을 일러주리라.

1094. 어떤 것도 소유하지 않으며 집착하지도 않고
붙잡으려 하지도 않는 것,
이것이 바로 가장 안전한 섬이니라.
이것이 바로 니르바나이며, 늙음과 죽음의 소멸이니라.

1095. 이를 잘 아는 사람은 생각이 깊고 조용하다.
그는 진리를 체험했으므로
더 이상 악마에게 복종하지 않으며
또한 악마의 졸개가 되어 끌려다니지도 않는다.

12. 가투깐니의 물음

1096. 가투깐니가 물었다 :
욕망의 대군을 격파한 용자가 있다는 말을 듣고
나는 이곳에 왔습니다. 저 거센 격류를 이미 건너간 이여,
어떻게 하면 욕망을 뛰어넘을 수 있는지
그것을 묻고자 여기 왔습니다.
평화의 경지(니르바나)를 말해 주십시오.
지혜의 눈을 가지고 태어나신 분이여,
모든 것을 남김없이 말해 주십시오.

1097. 태양이 그 열기로 대지를 정복하듯
욕망을 정복한 다음 바람처럼 사시는 이여,
지혜로 충만한 이여,

피안(彼岸)의 장

무지한 우리에게 가르침을 주십시오.
어떻게 하면 이 탄생과 늙음의 차원을 초월할 수 있는지
그것을 가르쳐 보이십시오.

1098. 스승 :
가투깐니여, 쾌락에 대하여 지나친 탐욕을 피하라.
놓아 버리는 것 속에 진정한 행복이 있음을 알아라.
취해야 할 것도, 버려야 할 것도, 그 어떤 것도
그대의 가슴 속에 더 이상 머물게 하지 말라.

1099. 과거를 지워 버려라.
미래에 대한 기대도 하지 말라.
그리고 지금 현재의 어떤 것에도 집착하지 않는다면
그대는 조용하게 길을 가는 자가 될 것이다.

1100. 가투깐니여,
명칭과 형태에 대한 집착을 아주 떠난 사람에게는
어떤 번뇌도 존재할 수가 없다.
그러므로 그는 절대로
죽음의 손아귀에 잡히지 않을 것이다.

13. 바드라부다의 물음

1101. 바드라부다가 물었다 :
집착을 끊어 버리고 바람처럼 살아가는 이,

흔들리지도 않으며 미래에 대한 바람도 버린 사람,
거센 이 물결을 이미 건너간 사람,
시간의 속박에서 벗어난 사람,
당신 현명한 이에게 간청합니다.

1102. 당신의 가르침을 듣고자
여러 지방에서 많은 사람들이 여기 이렇게 모였습니다.
저들을 위해서 가르침을 주십시오.
장중한 이여,
당신은 모든 것을 통찰하셨습니다.

1103. 스승 :
바드라부다여,
위로도 아래로도 옆으로도 중간으로도
집착하는 그 마음을 모두 버려라.
이 세상의 어떤 것이라도 거기 집착하게 되면
그로 인하여 그림자처럼 악마는 그를 따를 것이다.

1104. 그러므로 수행자는 이를 잘 알고 신중하게 생각해서
이 세상의 어떤 것에도 집착하지 말아야 한다.
죽음의 영역에 머물고 있는 이 세대를
〈욕망의 노예〉로 간주하거라.

14. 우다야의 물음

1105. 우다야가 물었다 :
명상에 잠긴 분, 번뇌의 티끌에서 벗어나신 분,
주어진 임무를 다 완수하신 분,
그리고 헛된 야망이 없으며,
이 모든 사물의 근본을 밑까지 꿰뚫어 보신 분께
모든 것을 묻고자 여기 왔습니다.
무지를 부수려면 어떻게 해야 합니까.
영혼의 자유를 얻으려면 또 어찌해야 합니까.

1106. 스승 :
우다야여, 근심 걱정을, 욕정을 버려라.
게으름 피우지 말고
지나간 일에 대하여 지나치게 후회는 하지 말아라.

1107. 진리에 대한 통찰과 명상을 통해서
침착한 마음자세와 생각을 순수하게 갖는 것,
이것이 무지를 부수는 길이요, 영혼의 자유를 얻는 길이다.

1108. 우다야 :
사람들은 무엇 때문에 속박 속에서 살아가고 있습니까.
사람들을 이곳 저곳으로
그토록 방황하게 하는 것은 무엇입니까.
무엇을 끊어야만

저 영원의 땅, 니르바나에 가 닿을 수 있는지요.

1109. 스승 :
사람들은 환락 때문에 구속된 삶을 살아가고 있다.
그들이 그토록 헤매이고 있는 것은
그들 자신의 사고(생각)의 무절제 때문이다.
그리고 부질없는 집착심을 끊음으로써
저 영원의 땅에 가 닿을 수 있다.

1110. 우다야 :
깊이 생각하며 바람처럼 가고 있는
그 사람의 의식작용(意識作用)은
어떻게 해야 정지될 수 있는지요.[102]
이것을 묻고자 여기 왔으니
친절한 가르침을 주시기 바랍니다.

1111. 스승 :
내적으로나 외적으로나
감각적인 기쁨에만 너무 사로잡히지 않고
깊이 생각하며 바람처럼 가고 있는 사람,
이런 사람의 의식작용(意識作用)은 정지된다.

15. 포살라의 물음

1112. 포살라가 물었다 :

어떤 경우에도 흔들리지 않으며
모든 의혹을 극복하고
모든 것을 깊이 통찰하신 분에게 묻습니다.

1113. 물질과 몸에 대한 탐욕을 모두 버린 사람,
〈안으로도 밖으로도 어떠한 것도 존재하지 않는다〉고
보는 사람의 지혜에 대하여 묻습니다.
석가족의 성자여,
그런 사람은 어떻게 인도해야 합니까.

1114. 스승 :
포살라여, 나는 인간의 의식구조를 다 알고 있다.
그런 사람의 존재하는 모습을 다 알고 있다.
그런 사람은 이미 해탈을 얻었다.
그러므로 그는 거기 굳게 서 있는 것이다.

1115. 「무소유 속에는 결코 어떤 속박도 있을 수 없다」고
이같이 분명히 알고 있는 수행자는
지혜의 완벽한 경지에 이른 사람이다.

16. 모가라쟈의 물음

1116. 모가라쟈가 물었다 :
나는 당신에게 두 번이나 질문을 했습니다.
그러나 당신은 내 물음에 답을 보내지 않았습니다.

세번째 물음을 받게 되면
성자는 틀림없이 그 물음에 답한다는 것을
나는 전해 들은 일이 있습니다.

1117. 이 세상 사람들도, 저 세상 사람들도, 신들마저도,
그 신의 세계에 사는 이들마저도
깨달은 이여, 당신의 깊이를 헤아리지 못합니다.

1118. 이렇듯 심오한 분께 진리를 묻고자
나는 여기에 온 것입니다.
어떻게 이 세상을 통찰해야만
죽음이 나를 찾아내지 못하겠습니까.

1119. 스승 :
모가라쟈여, 이 세상을 덧없이 변해 가는 것으로 보라.
언제나 주의깊게 〈자기〉라는 이 관념을 부숴야 한다.
이렇게 꾸준히 가는 사람은 죽음을 능히 초월할 수 있느니
이렇게 이 세상을 보는 사람은
결코 죽음의 손아귀에 잡히지 않는다.

17. 핑기야의 물음

1120. 핑기야가 물었다 :
나는 이미 늙었습니다.
힘은 다하고 생명의 불마저 꺼져 갑니다.

잘 보이지도 잘 들리지도 않습니다.
고다마여, 이 어둠 속에서
내가 그냥 숨을 거두지 않도록 해주십시오.
태어나고 늙음을 초월하려면
무엇을 어떻게 해야 합니까. 이를 말해 주십시오.

1121. 스승 :
핑기야여, 이 육체가 있기 때문에 거기 괴로움이 있다.
육체가 있기 때문에 거기 병의 고통이 뒤따른다.
핑기야여, 그러므로 그대는 부지런히
육체에 대한 집착을 버려야 한다.
다시는 고뇌에 찬 이 생존 속으로 들어오지 말아야 한다.

1122. 핑기야 :
당신은 이 세상의 모든 것을
보고 듣고 생각하십니다.
깨달은 이여,
당신이 모르는 것은 아무것도 없습니다.
저에게 진리의 길을 가르쳐 주십시오.
어떻게 하면 이 탄생과 늙음을 초월할 수 있는지를….

1123. 스승 :
핑기야여,
사람들은 집착에 빠져 괴로워하며 늙어가고 있다.
그러므로 그대는 이를 잘 보면서
부지런히 집착의 이 헛된 꿈에서 깨어나야 한다.

숫타니파타

다시는 고뇌에 찬 이 생존 속으로 들어오지 말아야 한다.

18. 물음에 대한 총정리

1124. 아지타, 티사메티야, 푼나까, 메타구,
도따까, 우파시바, 난다, 헤마까,

1125. 토데야, 깝빠, 그리고 현자 가투깐니와 바드라부다,
우다야, 브라만 포살라, 그리고 현자 모가라쟈와
요가 수행자 핑기야.

1126. 이들은 모두 스승에게 나아갔다.
여러 가지 질문을 하면서 이 최고의 인간에게 다가갔다.

1127. 그들의 질문에 대해서 눈뜬 이는 친절하게 답을 줬다.
이 대답을 들은 그들 열여섯 명은
마음속으로 매우 흡족해 했다.

1128. 그래서 그들은 눈뜬 분의 곁에서,
지혜가 다아아몬드의 광선처럼 방사하는 그분 곁에서,
진지하게 구도자의 길을 가고 있었다.

1129. 그들이 물은 그 하나하나의 질문에 대해서
눈뜬 분이 가르쳐 준 그대로 실천하는 사람은
마침내 고뇌의 이 언덕에서

피안(彼岸)의 장

니르바나, 저 언덕에 이르게 될 것이다.

1130. 최상의 길을 향해 나아가는 사람은
고뇌의 이 언덕에서 니르바나, 저 언덕에 이르게 될 것이다.
이 길은 영원한 땅으로 가는 길이니
그러므로 〈니르바나, 저 언덕에 이르는 길〉이라 하는 것이다.

1131. 핑기야는 선생 바바리에게 가서 이렇게 말했다 :
저 영원의 땅에 이르는 길을 나는 찾았습니다.
깨달은 이는 자신이 본 대로 모든 걸 말해 줬습니다.
생각이 순수하고 헛된 야망이 없으신 그분이
어째서 거짓말을 이야기하겠습니까.

1132. 오만과 위선을 버리신 분,
어리석지도 않고 결점도 없으신 분,
음성조차 온화한 그분을 나는 찬양합니다.

1133. 핑기야의 찬양 :
바바리 선생이여, 눈뜬 분이 암흑을 거두셨다.
이 모든 걸 보시는 분, 이 세상을 밑까지 통찰하신 분,
고뇌에 찬 이 생존을 넘어가신 분,
고뇌의 긴 밤을 지나가신 분,
그분이야말로 가장 깊게 〈눈뜬 이〉(부처)가 아니겠는가.
그러므로 나는 언제나 그분 가까이에 있고자 한다.

1134. 새가 적은 나무숲을 버리고 과일이 풍성한 숲에 깃들듯,

나 또한 그같이 시야가 좁은 이들을 떠나서
마침내 저 큰 바다에 도달했느니….

1135. 고다마 이전의 사람들이
「옛날은 이랬다. 앞으로는 이럴 것이다」라고
나에게 들려준 그 가르침들은
모두 그들이 전 사람들에게 전해 들은 말에 지나지 않았다.
그래서 그 가르침들은 모두
내 마음에 의심의 잔 파도만을 일으켰을 뿐.

1136. 고다마, 그분만이 홀로 이 어둠을 뚫고
높고 더 깊게 광명을 놓고 있다.
고다마, 지혜로 굽이치는 분이여.

1137. 그분은 나에게 가장 높은 진리,
〈지금 여기〉에서 살아 있는 진리를 보이셨다.
욕망에서 나오는 법을, 고통에서 벗어나는 길을.
그분에게 견줄 자, 이 세상 어디에 또 있단 말인가.

1138. 선생 바바리의 말 :
핑기야여, 그대는 그토록 고다마에게서
잠시도 떨어질 수 없단 말인가.
지혜로 굽이치는 그로부터
단 한순간도 떨어져 살 수 없단 말인가.

1139. 고다마는 그대에게 가장 높은 진리를 보였단 말인가.

피안(彼岸)의 장

〈지금 여기〉에서 살아 있는 그 진리를 보였단 말인가.
그에게 견줄 자, 이 세상 어디에도 없단 말이 정말인가.

1140. 핑기야의 대답 :
바바리 선생이여,
나는 단 한순간이라도 그분에게서 떠날 수 없다.
지혜가 다이아몬드의 강물처럼 굽이치는 그분에게서.

1141. 그는 나에게 가장 깊은 진리를
〈지금 여기〉 살아 움직이는 진리를 말했다.
욕망의 수렁을, 고뇌로부터 벗어나는 길을 보였다.
그에게 견줄 자, 이 세상 어디에 또 있단 말인가.

1142. 바바리 선생이여,
나는 내 마음의 눈으로 밤낮없이 그를 보고 있다.
그에게 향하는 예배로 온밤을 지새우고 있다.
그러므로 단 한순간이라도
나는 그에게서 떨어져 살지 않는다고 생각한다.

1143. 이 마음과 이 환희, 이 마음과 이 생각이
그의 가르침 쪽으로 나를 향하게 한다.
해를 따라 도는 해바라기처럼
그가 가는 어디든지
내 마음도 그를 따라 간절히 기울고 있다.

1144. 나는 이제 늙고 병들었다.

그러므로 내 몸은 그의 곁으로 갈 수 없다.
그러나 내 마음은 언제나 그의 곁으로 가고 있다.
바바리 선생이여, 내 마음은 이렇게 그와 맺어져 있다.

1145. 이 진흙 속에서 몸부림치며
나는 이곳에서 저곳으로 마냥 표류했었다.
그러던 어느날 나는 마침내 눈뜬 이를 만났다.
이 서센 물결을 건너간 이, 번뇌의 먼지가 일지 않는 그를.

1146. 그때 부처가 나타나서 말했다 :[103)]
바깔리, 바드라부다, 알라비 고다마가
기나긴 꿈에서 깨어났듯이
너도 헛된 신앙을 버려야 할 때가 왔다.
핑기야여, 그대는 이제 죽음의 저 언덕으로 갈 때가 왔구나.

1147. 핑기야가 말했다 :
고다마여, 당신의 가르침을 듣고
내 마음은 지금 한없는 법열에 젖고 있습니다.
당신은 내 마음에서 어둠을 걷어 냈습니다.

1148. 저 신들의 일을 비롯하여
당신은 모든 걸 다 알고 있습니다.
의심을 품고 당신을 찾아온 사람들의 질문을
하나하나 남김없이 풀어 줬습니다.

1149. 그 어느 것에도 견줄 수 없고,

피안(彼岸)의 장

그 누구도 빼앗아 갈 수 없고,
그 어떤 것에도 흔들리지 않는 저 경지에
나는 지금 다가가고 있습니다.
니르바나, 저 영원의 땅으로 가는 나에게는
이제 그 어떤 의심도 의혹도 있을 수 없습니다.
내 마음이 이처럼 확신에 차 있다는 것을
고다마여, 당신은 이미 알고 있겠지요.

역주(譯註)와 해설

숫타니파타 역주(譯註)

1) 처음의 장 : 원어는 〈우라가바가〉(Uragavagga)로서 직역하면 〈뱀의 장〉이 된다. 「뱀이 묵은 허물을 벗어 버리듯」, 구도자는 정신과 물질, 그리고 관념이나 인습, 권위 등 그 어느 것에도 붙잡혀서는 안 된다는 것을 이 장은 말하고 있다. 그러나 〈뱀의 장〉이라 하면 너무 직설적이다. 그리고 〈뱀〉 자체가 우리 인간에게 있어서 그리 좋은 느낌을 주는 존재라고 볼 수 없다. 그래서 이런 점을 감안하여 〈처음의 장〉이라 고친 것이다. 인도의 경우 코뿔라 뱀은 어디를 가도 흔히 볼 수 있다. 코뿔라 뱀 한 마리가 가지고 있는 독(毒)은 2,000명의 사람을 죽이기에 충분하다고 한다. 그런데 무슨 이유에서인지는 모르지만 인도사람들은 예로부터 코뿔라 뱀을 영적(靈的)인 존재로 보는 경향이 있었다. 그래서 군달리니(영적인 기운)를 흔히 코뿔라 뱀에 비유하고 있는 것이다. 또한 힌두교의 신상(神像)이나 불상의 등 뒤에도 다섯 개, 또는 일곱 개의 머리를 가진 코뿔라 뱀(五頭蛇, 七頭蛇)이 조각되어 있는 것을 볼 수 있다. 그래서 뱀의 비유는 그들(인도인들)에게 있어서는 대단히 영적인 분위기를 느끼게 했는가 보다. 때문에 지금 여기에서도 〈뱀이 묵은 허물을 벗어 버리듯〉이라는 시구가 등장하고 있는 것이다. 그러나 우리로서는 그들이 느끼는 그런 느낌을 전혀 느낄 수 없다. 이 점이 바로 생활환경과 문화의 차이점인 것이다. 그러므로 불경을 우리말로 옮겨 올 때는 이런 점을 충분히 고려하지 않으면 안 된다. 그러나 이런 점을 전혀 고려하지 않은 채 그저 문자에서 문자로만 옮겨 오게 되면 그것은 죽은 번역에 지나지 않는다. 물론 이런 직역(直譯)이 원전의 〈순수보존〉이라는 의미는 있다. 그러나 그런 죽어 있는 번역 경전을 누가 보겠는가. 누가 보고 감동하겠는가.
2) 이 언덕과 저 언덕 : 여러 가지 해석이 있지만 그러나 〈이 언덕(此岸)〉은 물질적인 차원, 〈저 언덕(彼岸)〉은 정신적인 차원을 뜻한다. 진정한 구도자는 물질일변도나 정신일변도에만 치우쳐서는 결코 안 된다. 물질과 정신의

가장 적절한 조화, 이것이 구도자가 가는 길이다.
3) 왜냐하면 이 모든 존재는 시간적으로나 공간적으로 끊임없이 변해 가고 있기 때문이다.
4) 다섯 개의 장애물(五蓋, nivarana panca) : 우리의 본성을 어둡게 하는 다섯 개의 장애요소. 즉, ① 탐욕 ② 분노 ③ 마음의 침체 상태 ④ 마음의 들뜬 상태 ⑤ 지나친 의심.
5) 황금팔찌를 하나만 끼게 되면 소리가 나지 않지만 그러나 두 개 이상을 끼게 되면 자연히 서로 부딪는 소리가 난다. 이처럼 아무리 좋은 사람이라도 언제나 같이 있게 되면 자연히 거기 마찰이 생기게 된다.
6) 다섯 개의 장애물(五蓋) : 〈17〉의 시구 참조.
7) * 사랑(慈, metta) : 살아 있는 모든 것들이 안락을 얻기를 원하는 마음.
  * 연민(悲, Karuna) : 살아 있는 모든 것들의 고뇌와 슬픔을 같이 가슴 아파하며, 그 고뇌와 불행으로부터 벗어나기를 원하는 마음.
  * 기쁨(喜, mudita) : 살아 있는 모든 것들이 이익되고 안락하게 살아감을 기뻐하며, 그 이익과 안락으로부터 떠나지 않기를 원하는 마음.
  * 평정(捨, upekha) : 살아 있는 모든 것들이 제각각 자기의 분수대로 살아감으로써 고통과 환락, 불쾌함과 유쾌함에 마음이 흔들리지 않는 것.
  * 해탈(解脫, vimutti) : 자기 자신의 편협적인 감정과 사고로부터 자유롭게 되는 것.
8) 나는 이렇게 들었다(如是我聞, evam me sutam) : 불경의 첫머리는 모두 이 구절로 시작된다. 그런데 여기에는 다음과 같은 뜻이 있다. 즉, 「부처님의 말씀은 완벽했다. 그러나 나(당시 부처님의 말씀을 들었던 사람), 아난다(Ananda, 阿難)는 아직 완벽에 이르지 못했다. 그러므로 나는 내 수준에서 그 완벽한 부처님의 말씀을 이렇게 들었을 뿐이다. 그러므로 만일 여기에 잘못이 있다면 그것은 부처님이 아니라 그 부처님의 말씀을 듣고 전하는 나에게 있다. 부처님은 완벽에 이른 분이므로…. 여기에서 보는 바와 같이 이 말(如是我聞) 속에는 스승을 따르는 제자의 겸손과 헌신이 절절히 스며 있다. 「나는 이렇게 들었다」…… 이 얼마나 사무치는 말인가. 언어를 사용하려면 적어도 이 정도는 절실해야 하지 않겠는가. 그리고「받가는 사람」에 관한 이 문장이 이렇게(evam me sutam) 시작되는 것으로 보아 이 문장이 원래

는 한 개의 독립된 경전이었음을 알 수 있다.
9) 수행자(Samana) : 당시 힌두교의 정통 사제인 브라만의 권위와 형식주의에 반대하여 숲속 둥지에서 자유롭게 수행하던 자유사상가적인 수행자. 부처님도 이 사마나(samana) 가운데 한 사람이었다.
10)「불교의 수행자(승려)들은 노동을 하지 않고 무위도식하고 있다」이런 비판이 인도에서는 후세까지 브라만 사제들 사이에서 일고 있었다. 그러므로 지금 이 문장에서는 사상적으로 아주 중대한 문제가 제기되고 있다. 여기에 대하여 불교측에서는 다음과 같이 답변하고 있다.「자신을 갈고 닦는 수행생활이야말로 또 다른 의미에서의 노동이요, 삶의 적극적인 태도가 아닐 수 없다.」
11) 춘다(Cunda) : 부처님 당시 부유했던 금속세공인. 그가 준 음식(일종의 버섯 요리였다고도 하고 또는 돼지고기 요리였다고도 한다)을 먹은 것이 원인이 되어 부처님은 그로부터 3개월 후 이 세상을 떠난다. 원래 춘다의 직업은 〈까마라의 아들〉이라고 기록되어 있다. 이를 보통 〈대장장이〉라 해석하지만 그러나 인도에서는 금, 은의 세공인과 철이나 동을 다루는 대장장이의 구별이 없었다. 그가 부처님의 일행에게 음식을 대접할 정도로 부유했던 것으로 보아 그는 대장장이가 아니라 비싼 귀금속을 다루는 금속세공인이었을 것이다. 그리고 당시 인도의 카스트사회(계급사회)에서는 대장장이나 금속세공인은 천한 직업에 속했으며, 사회적으로 그다지 대접은 받지 못했었다. 그러나 부처님은 비천한 계급의 사내, 춘다의 저녁초대를 기꺼이 받아들였던 것이다. 여기에서 우리는 주목할 만한 다음의 역사적 특징 두 가지를 볼 수 있다. 첫째, 당시 부유했으면서 사회적으로 대접을 받지 못했던 사람들은 새로운 정신적 지도자를 원했다. 둘째, 부처님의 활동은 당시의 이 계급적 차별의 타파에 앞장서고 있었다.
12) 이 네 종류의 수행자에 관한 시구를 통해서 우리는 당시 인도 사회에는 수행자라 자처하는 사람들이 무척 많았다는 것을 알 수 있다. 그리고 금속세공인 춘다는 최신의 기술을 습득, 손수 만든 제품을 팔기 위하여 여러 계층의 사람들과 접촉했을 것이다. 또한 춘다 같은 부유한 금속세공인에게 많은 종교가(수행자)들이 접근했을 것임에 틀림없다. 그 때문에 부처님은 지금 여기서 그 종교가(수행자)들의 진가를 말하고 있는 것이다. 부처님이

최상으로 여기던 수행자의 생활이 어떤 것이었는지 분명하게 알 수는 없지만 문맥으로 보면 〈진리의 승리자〉와 〈진리를 말하는 자〉의 삶을 특히 강조했던 것 같다. 부처님은 결코 특수한 철학이나 형이상학을 부르짖지는 않았다. 대신 그는 인간으로서의 참된 길을 자각하고 살아갈 것을 권했으며 또 그 자신이 생을 마칠 때까지 이를 몸소 실천했던 것이다.

13) 사위성 기원정사(舍衛城 祇園精舍) : 지금의 인도 웃다 푸라데쉬 주(洲) 사헤뜨 마헤뜨에 있는 기원정사(Jetavana)라는 절. 이곳에서 부처님은 오랫동안 머물렀으며 저 유명한 《금강경》을 비롯하여 대승경전의 7~8할이 이곳 기원정사에서 설해졌다. 이곳이 지리상으로 봐서 부처님의 고향 카필라바스투에 가장 가까운 곳이었다는 이유도 부처님이 이곳 기원정사에 오래 머물렀다는 그 이유 가운데 하나였을 것이다. 현재 사헤뜨 마헤뜨는 밀림으로 뒤덮여 있으며 기원정사는 폐허가 되어 붉은 벽돌의 기단만 남아 있다. 이곳 기원정사를 가자면 인도 비하르 주의 북쪽에 있는 도시 락끄노(Lucknow)에서 들어간다.

14) 신 : 창조의 근원인 유일자로서의 신이 아니라 인간보다 약간 높은 차원에 사는 윤회적 생명체. 즉 신들(demigods).

15) 거기 서 있거라 : 불을 섬기는 브라만 바라드바쟈는 낯선 수행자가 신성한 번제용의 불에 가까이 오게 되면 번제용의 불이 더러워진다고(부정을 탄다고) 생각했기 때문에 이렇게 말했던 것이다.

16) 통치자나 군인은 일반 국민에게는 침략자다. 불교는 전통적으로 통치자나 군인을 싫어했다. 그 태도가 여기 이 시구에 잘 나타나 있다. 그러나 오늘의 우리나라 승단(僧團)을 보라. 정권이 바뀔 때마다 그 정권의 착실한 시녀노릇을 하고 있다. 이것은 여담이지만 지금부터 30여 년 전 李某라는 고승(?)이 있었다. 이 고승은 당시 법주사의 조실로 있었는데 그때 마침 대통령 이승만 박사가 법주사를 방문하여 그와 악수를 한 일이 있었다. 그는 그후 열흘 동안이나 그 손(이박사와 악수한 손)을 씻지 않은 채 붕대로 감고 있었다 한다. 이 얼마나 웃기는 이야기인가. 그가 만일 지금 이 시구를 보았더라면 어찌했을까…. 미안, 이제는 고인(故人)이 된 그를 비난해서 정말 미안하다. 친구여.

17) 인도의 전통에 의하면 식사때가 되면 수행자들은 밥그릇을 들고 마을에

역주(譯註)

가서 밥을 얻어먹게 되어 있다. 또한 사람들은 수행자들에게 당연히 밥을 주게 되어 있다. 말하자면 세속을 떠난 수행자는 세속의 밥을 얻어먹음으로써 세속에 신세를 지고 있다. 그리고 세속인들은 수행자에게 음식을 줌으로써 수행자의 그 수행공덕을 나눠 가질 권리를 획득하게 되는 것이다. 즉, 수행자와 세속인은 밥을 주고 얻어먹는 그 행위를 통해서, 정신차원(수행자)과 물질차원(세속인)을 서로 넘나들며 만나고 있는 것이다.

18) 야차(夜叉, yakkha) : 사람의 마음을 어지럽게 하고 생명을 앗아가는 귀신의 한 가지.

19) 이 문장으로 보아서 그 당시 이미 수행자의 이상적인 신체조건이 제시되고 있음을 알 수 있다. 즉 수행자는 결코 살이 쪄서는 안 되며 또 많이 먹어서도 안 된다. 그것이 이 문장 속에 암시되어 있다. 기름진 음식을 많이 먹어서 살이 찌게 되면 자연히 정신이 흐려지고 그에 따라 예지의 빛이 바래기 때문이다.

20) 여섯 가지 : 우리의 본성에 파도를 일으키고 있는(본성을 어지럽히고 있는) 여섯 가지 감각기관(六根)과 거기 대응하고 있는 여섯 가지 객관 현상(六境).

첫째, 여섯 가지 감각기관(六根, Sad-indriya) :

① 시각(眼根) → 볼 수 있는 능력.
② 청각(耳根) → 들을 수 있는 능력.
③ 후각(鼻根) → 냄새를 맡을 수 있는 능력.
④ 미각(舌根) → 맛을 아는 능력.
⑤ 촉각(身根) → 감촉을 느낄 수 있는 능력.
⑥ 의식작용(意根) → 생각을 할 수 있는 능력.

감각기관을 왜〈根, Indriya〉이라 하는가.〈根, Indriya〉은〈…할 수 있는 능력〉을 뜻하는 말로서, 나무의 뿌리(根)에서 가지와 잎이 비롯되듯 좋고 나쁘고 즐겁고 괴로운 모든 느낌이 감각기관에서 비롯되고 있기 때문이다.〉

둘째, 여섯 가지 객관 현상(六境, Sad-visayah) :

① 색채와 형태(色境) → 시각의 대상.
② 소리(聲境) → 청각의 대상.
③ 냄새(香境) → 후각의 대상.
④ 맛(味境) → 미각의 대상.

⑤ 피부(觸境) → 촉각의 대상.
⑥ 생각, 이 자체, 즉 생각이 하나의 대상으로서 포착되는 것(法境) → 의식 작용의 대상.

여기 六根에서의 〈의식작용〉(意根, Manendriya)과 六境에서의 〈생각, 이 자체〉(法, Dharma)는 어떻게 다른가. 그것은 같은 것이다. 우리의 의식(意 識, Consciousness)이 〈생각, 이 자체〉(法境)와 〈생각할 수 있는 능력〉(意根) 으로 양분화되고 있는 것이다. 아니 양분화되고 있는 것처럼 보이고 있는 것이다. 이런 식으로 생각(생각할 수 있는 능력=意根)은 생각, 이 자체(=法)를 대상으로 하여 갖가지 사고(思考)의 잔물결을 일으키고 있는 것이다. 여기 〈사고의 잔물결〉이란 무엇인가. 그것은 과거에 대한 회상, 후회, 미래에 대한 공상이나 설계 등등 이 모든 사고의 내용 전체를 말한다.

여섯 가지 감각기관 (六根, Sad-indriya)	상호교응 관　계	여섯 가지 객관 현상 (六境, Sad-visayah)
① 시각(眼根) →	⟵⟶	← ① 색채와 형태(色境)
② 청각(耳根) →	⟵⟶	← ② 소리(聲境)
③ 후각(鼻根) →	⟵⟶	← ③ 냄새(香境)
④ 미각(舌根) →	⟵⟶	← ④ 맛(味境)
⑤ 촉각(身根) →	⟵⟶	← ⑤ 피부(觸境)
⑥ 의식작용(意根) →	⟵⟶	← ⑥ 생각, 이 자체(法境)

21) 다섯 가지 감각 : 시각, 청각, 후각, 미각, 촉각.
22) 존재의 흐름(the Stream of existence) : 고뇌에 찬 이 욕망의 삶.
23) 하늘의 길 : 숭고한 길, 진리의 길.
24) 부처님은 깨달음을 얻고 난 직후 제자들에게 「신앙을 버리라」고 가르치고 있다. 물론 부처님이 말하는 〈신앙〉이란 베다 이후 신에 대한 형식적인 번제의식과 그것에 대한 신앙을 말하는 것이다. 그러나 여기 이 시에서 말하는 〈믿음〉이란 부처님이 가르치는 진리에 대한 확고한 믿음을 뜻하

는 것으로서 어떤 개인에 대한 열광적인 복종을 뜻하는 것은 결코 아니다.
25) 註 22) 참조.
26) 아홉 개의 구멍(九孔) : 두 눈, 두 귓 구멍, 두 콧 구멍, 입, 성기, 항문(탄트라의 비전에 의하면 이 아홉 구멍은 특히 감각적인 느낌이 가장 강한 곳이라 한다).
27) 인도의 전통에 의하면 원래 수행자는 집 없이 얻어먹으면서 살아가게 되어 있다. 이는 생에 대한 모든 애착을 끊기 위함이다. 집을 갖지 않는 것은 소유욕을 끊으려 함이요, 음식을 얻어먹는 것은 생명에 대한 애착을 끊기 위함이다. 그러므로 수행자가 음식을 얻으러 다닐 때 새 음식이나 먹다 남은 음식을 얻더라도 좋고 싫은 분별심이 없어야 한다. 집 없이 얻어먹는 생활은 물론 요즈음 같은 시대에는 도시 맞지 않는 소리이며 또 그렇게 살아갈 수도 없는 시대다. 그러나 수행자에게 있어서 이는(좋은 집에 살고 맛있는 음식을 먹는 것은) 결코 자랑은 아니다.
28) 「인간으로서 가장 인간답게 살려면 어떻게 살아가야 하는가.」 이것이 부처님의 가르침이다. 그렇다면 부처님은 행복을 어떻게 규정하고 있는가. 이 제4절 〈더없는 행복〉에서는 진정한 의미에서의 인생의 행복은 무엇인가를 말하고 있다. 말하자면 부처님의 행복론인 셈이다.
29) 누구 앞에서도 서두르거나 기죽지 않고 자기 자신의 심정을 넉넉하게 이야기 하는 것, 이것이 바로 말을 훌륭하게 잘하는 것이다.
30) 가야(Gaya) : 인도 비하르 주 부다가야의 부근에 있는 도시로서 힌두교도들에게는 베나레스와 마찬가지로 성스러운 도시로 알려졌다. 부처님 당시의 가야는 새로운 사상을 가진 구도자들의 집결지였다. 그래서 부처님도 지금 여기 이 가야에 머물고 있는 것이다. 여기(가야)에서 부처님은 부다가야로 가서 니련선하(尼連禪河) 부근의 한 보리수나무 밑에서 동이 틀 무렵 깨달음을 얻었던 것이다.
31) 삼사라(Samsara, 輪廻) : 물질에 대한 집착과 마음의 미망(迷妄) 때문에 끝없이 방황하고 있는 혼의 유전현상.
32) 그러나 비주류계통의 탄트라에서는 오히려 월경이 시작되면서 끝나는 날까지를 방사(房事)의 최적기로 택하고 있다. 이때는 달의 영향을 받아 여성 에너지가 다량으로 방출될 때이기 때문이다.
33) 아흔여덟 가지 온갖 질병 : 자세하지 않다. 이 문장으로 보아 아마 당시의

의학 수준이 꽤 발달했던 것 같다. 하기야 부처님 당시에 기파(耆婆)라는 의사는 금칼로 안과 수술을 할 정도였으며 그 이름이 멀리 중국에까지 알려졌다 한다. 그리고 뒤의 일이지만 알렉산더가 인도를 침공했을 당시 알렉산더 부상병들을 치료해 준 것은 대부분 인도인 의사들이었다고 한다. 인도 의학서의 총집인 아유르 베다(Ajur-veda)는 티베트에 전해져서 지금도 신비의 티베트 의학으로 알려져 있다.

34) 제사를 지내기 위하여 짐승을 죽이는 장면.
35) 스승(부처님)은 고향 카필라바스투(카빌라 성)에 갔을 때 당신의 외아들 나훌라를 출가시켜 수행자로 만들었다. 나훌라가 청년이 됐을 때 예지의 제1인자 사리불이 선생이 되어 비로소 나훌라는 완전한 수행자(비구)가 됐다. 그런데 나훌라는 자신이 스승의 아들이라는 자만심과 석가종족의 왕자라는 거만심에 가득 차서 선생인 사리불을 얕잡아 보는 경향이 있었다. 그래서 스승은 그런 나훌라의 거만심을 경책하기 위하여 나훌라를 상대로 이 가르침을 줬다고 한다. 이 대화 속에서 스승은 당신의 외아들 나훌라에게 참된 수행자의 길을 간절히 제시하고 있다.
36) 염라(閻羅, Yama) : 염라대왕, 죽음의 세계를 지배한다는 임금. 여기〈세상에 펼쳐진 염라의 그물을 찢었다〉는 말은 즉 죽음을 극복했다는 말이다.
37) 註 85)를 보라.
38) 비사문천왕 꾸베라(毘沙門天王 Kuvera) : 신(demigod)의 한 가지. 이 신은 부(富)를 관장하는 신으로서 살이 찌고 보통 배가 나왔다.
39) 이 세상에 살면서 진리의 길을 가는 사람들. 즉 남성 구도자(淸信士, upasaka), 여성 구도자(淸信女, upasika).
40) 불교의 승려, 비구. 따라서 비구는 밥을 얻어먹으며 인간으로서의 모든 것을 철저히 포기해 버리고 수행에만 전념하도록 되어 있다. 이 관습이 티베트, 중국, 한국 등을 거쳐 오면서 사찰생활로 변해 버렸다. 그러나 스리랑카, 태국, 미얀마 등의 소승불교권 국가에는 아직도 밥을 얻어먹는 이 관습이 그대로 지켜져 내려오고 있다. 비록 형식적이긴 하지만.
41) 낮 12시가 지난 시간. 따라서 비구는 낮 12시 이후에는 밥을 얻지도 못하고 먹지도 못하게 되어 있다.
42) 오전. 즉 낮 12시 이전.

43) 즉 부처님. 부처님이 여기에서는 복수(Buddhas)로 되어 있다. 그것은 여기에서의 부처님의 의미는 후대의 대승불교에 와서 발전된 하나의 신격(神格)으로서의 부처님님(佛陀, Buddha)이 아니라 평범한 인간으로서의 현자를 뜻하기 때문이다. 불교가 처음 전파될 당시는 후세의 불교도들이 생각하는 것과 같은 복을 주는 〈부처님님〉을 문제로 하지는 않았다. 대신 〈생각이 깊은 사람〉, 〈구도자〉로서의 부처님을 생각했을 뿐이다. 그러므로 여기 이 시에서의 부처님(Buddha)은 비구(출가수행자, bhikkhu)와 동의어로 쓰이고 있다. 말하자면 이 양자가 분리되기 그 이전의 상태를 보여주고 있는 셈이다. 그리고 대승불교의 구도자로서의 보살(Buddhisattva)을 부처님과 구별한 것은 후대의 사상적인 소산이었다. 그러므로 지금 우리가 말하고 있는 소위 〈불교학〉이라는 것을 뛰어넘지 않는 한 이《숫타니파타》를 올바르게 이해할 수는 없을 것이다.

44) 원래는 인도의 소치기들 사이에서 소를 치기 위한 그 준비기간 겸 휴식기간을 〈우포사다(uposatha)〉라 했다. 그런데 이 관습이 불교에 들어와서는 몸을 근신하고 자신을 반성하는 참회행사로 변했다. 〈포살(布薩)〉이라 漢譯하며 고려시대의 八關會 등은 특히 이 우포사다(布薩)를 거국적인 행사로 확장시킨 것이다.

45) ① 무기판매 ② 고기판매 ③ 살아 있는 생명의 매매 ④ 술의 판매 ⑤ 毒의 판매. 이 다섯 가지 직업을 제외한 나머지 모든 직업. 또 다른 문헌에는 무기판매를 들지 않고 대신 人身매매를 들고 있다(Pj. 1, 379. AN. V, 177 참조).

46) 제2. 작은 장에 비하여 이 장의 길이는 그 배가 넘는다(362편의 시). 그래서 이 장을 〈큰 장〉이라 했으며 제2장을 〈작은 장〉이라 한 것이다.

47) 출가(出家, pabbajja) : 보다 완벽한 구도자가 되기 위하여 집을 나오는 것. 따라서 원어 파바쟈에는 〈앞으로 나아가다〉, 〈중발해 버리다〉는 의미가 포함돼 있다. 고다마(부처님)가 수행자의 길을 가기 위하여 〈출가〉한 것은 당시의 일반적인 종교적 풍습을 따랐던 것을 뜻한다. 전설(Sn. A, pp. 383~4)에 의하면 고다마는 〈출가〉한 후 7일 뒤에 당시 최대의 강국인 마가다국의 수도 왕사성(라즈기르, Rajgir)에 왔다고 한다. 그러나 왕사성에 왔다는 것은 지나친 과장이다. 그의 고향 카빌라 성에서 왕사성까지의 거리가 직경 300마일 이상이며 실제의 길을 따라오자면 400마일 이상이 되기 때문

이다. 이 거리를 출가수행자가 탁발하면서 7일 만에 걸어왔다는 것은 불가능한 일이다.

또 다른 기록에 따르면 부처님은 왕사성에 도착하여 탁발을 끝내고 사람들에게 이 도시에서 출가수행자가 사는 곳이 어디냐고 물었다고 한다. 사람들에게서 출가수행자의 거처는 판다바 산의 동쪽이라는 말을 듣고 부처님은 그곳으로 갔던 것이다. 이때 빔비사라 왕은 그(부처님)를 찾아와 그의 출생을 묻고 출가를 단념시키려고 했다. 그러나 그는 이를 거절하고 두 명의 요기(요가수행자)를 찾아갔다. 그런데 여기서 주목해야 할 것은 그가 출가수행자가 되어 얼마 지니지 않아 당시 최대의 강국인 마가다국의 수도 왕사성에 왔다는 그 사실이다. 마가다국은 당시 새로운 최신 기술의 개발과 경제성장이 급진전하던 나라였다. 말하자면 그는 당시 새로운 문화의 중심지에 온 것이다.

왕사성은 현재 인도의 비하르 주 파트나에서 약 60마일 거리의 동남쪽에 위치하고 있다. 망망한 평원에 다섯 개의 산으로 에워싸인 이 도시는 천연의 난공불락 요새인 셈이다.

48) 왕사성(王舍城): 현재의 이름은 라즈기르(Rajgir)이며(그러나 지금 왕사성은 화려하던 옛 자취는 간곳 없고 초목과 잡초만이 우거져 있을 뿐, 그리고 그 사이사이로 몇 채의 人家가 널려 있을 뿐) 산 위에는 아직도 돌로 쌓은 옛 성곽의 일부가 그대로 남아 있다.

49) 여기 빔비사라 왕의 제의는 매우 중요한 뜻을 머금고 있다. 마가다국은 북쪽에 있는 베샤리국과 코살라국을 상대로 전쟁을 한 일이 있다. 그리고 석가족의 나라인 카빌라국은 코살라국(현재의 인도 웃다 푸라 데쉬 주 지역)보다 더 북쪽에 위치해 있으므로 빔비사라 왕이 석가족의 왕자에게 군사원조와 경제원조를 제의하고 있는 것이다. 결론적으로 빔비사라 왕의 속셈은 남쪽의 마가다국(현재의 인도 비하르 주 지역)과 북쪽의 카빌라국이 합하여 일시에 諸國(당시 인도는 크고 작은 16國으로 나누어져 있었다)을 공격하려는 연합전술을 펴려는 것이다. 부처님은 이 제의를 거절했다. 그는 이미 세속을 포기하고 출가수행자가 됐기 때문이다.

50) 스스로 〈태양의 후예〉라 칭하고 있기 때문에 여기에서는 태양숭배의 흔적이 엿보인다. 중세 인도의 왕가들은 〈태양의 후예〉라 칭하는 왕가와 〈달

의 후예)라 칭하는 왕가가 있었다.
51) 니련선하(尼連禪河, Nairanjana) : 깨달음을 얻기 전 부처님이 목욕했던 강이름. 인도 비하르 주 부다가야(Buddhagaya) 주위를 흐르는 강. 필자가 이곳을 갔을때는 물이 말라 있었다. 그러나 우기(雨期)가 되면 이 마른강은 홍수로 범람하게 된다.
52) 마라(악마)는 지금 부처님에게 형식적인 계율과 종교를 따를 것을 권하고 있다. 말하자면 당시 지나치게 형식적이며 권위주의에 눈이 어두워 타락할 대로 타락한 브라만 사회를 거부하지 말고 그 일원이 되어 그냥 휩쓸려 갈 것을 권하고 있다. 그냥 그럭저럭 살다가 그럭저럭 죽을 것을 권하고 있다. 그러나 부처님은 단연코 이를 거부했다. 그렇다면 악마란 무엇인가. 악마는 바로 부처님 자신의 마음속에 잠복해 있는 게으른 타성을 뜻한다. 우리 누구나의 마음속에 잠복해 있는 자기합리화와 적당주의를 뜻하는 것이다. 이를 객관화할 때 그것은 구체적인 형태를 가진 하나의 검은 존재, 마라(악마)의 형태로 나타나는 것이다.
53) 열광적이며 迷信적인 신앙이 아니라 진리만이 진실이라는 것을 굳게 믿는 것.
54) 고행으로 인하여 생기는 격렬한 호흡.
55) 인도 사람들은 겉옷대신 큰 천으로 몸 전체를 두르고 다닌다. 그리고 추울 때는(인도의 겨울밤은 의외로 춥다) 그 천으로 머리까지 덮어 써버린다. 부처님도 이런 모습으로 나무 밑에 앉아 있었을 것이다. 또 부처님은 삭발을 한 승려의 모습이었다. 후대의 불상에서 볼 수 있는 그와 같이 잘 정돈된 머리칼은 없었을 것이다. 머리를 깎는 풍습은 당시 신흥 수행자 세력인 자유사상가(Suramana, 沙門)들의 공통적인 모습이었다. 이에 대하여 정통 힌두교의 브라만 수행자들은 머리와 수염을 길게 길렀다.
56) 사비티(Savitti)찬가 : 리그베다 제3편 NO. 62에 있는 시. 태양신에 대한 찬가로서 아주 중요하다. 특히 브라만 수행자들 사이에서는 아주 신성시되어 있다. 지금도 힌두교의 브라만 수행자들은 매일 아침 이 시를 읊는다.
57) 죽림정사(竹林精舍, Veluvana) : 왕사성에 있던 최초의 불교사원. 빔비사라 왕이 부처님을 위하여 기증했다. 지금은 대나무숲 공원이 됐으며 그 옆에 일본 사람들이 지은 일본식 절인 〈새 죽림정사〉가 있다.

58) 이 탄생과 죽음의 법칙에서 해방된 사람, 즉 영혼의 영원한 삶을 체험한 사람, 有神論的인 입장에서 말한다면 神을 체험한 사람.
59) 원어 코사(Kosa)는 곳집, 즉 〈창고〉라 번역되며 「인간의 본성에 대한 속박력」을 뜻한다.
60) 63종의 철학적 견해 : 부처님 당시 인도의 수행자, 브라만 사제, 학자들 사이에서 일어났던 63종의 각기 다른 철학적인 주장들.
61) 전륜성왕(轉輪聖王, Cakravarti-Raja) : 인도인들 사이에서 예로부터 전해져 오고 있는 전 세계를 통일한다는 이상적인 皇帝.
62) 서른두 가지 특징 가운데 제27번째의 특징. 부처님의 성기(性器)는 말의 성기처럼 보통 때는 성기가 몸속에 들어가 있기 때문에 밖에서는 전연 보이지 않는다.
63) 서른두 가지 특징 가운데 제12번째의 특징인 〈혀가 긴 것〉(廣長舌相).
64) 소마(soma)라 하여 브라만 수행자들은 聖火를 피운 다음 그 불속에 음식과 버터 등을 던져서 신에게 헌물을 바친다.
65) 어떤 사람이 아들을 잃고 난 후 7일간이나 음식을 먹지 않고 슬퍼하는 것을 보고 스승은 그를 찾아가서 그의 슬픔을 달래주기 위하여 이 가르침을 말했다고 한다.
66) 브라만 : 인도의 사성계급 가운데 최고의 계급.
67) 포카라사티, 타루카 : 이 두 사람은 모두 이차남갈라 마을에 살던 부유한 브라만 사제들이다.
68) 직역하면 「남이 주지 않는 물건으로 생활하는 사람」(adinnam upajivati)이란 뜻이다. 고대 인도에서는 〈도둑질〉도 일종의 직업이라고 보았다. 여기에서는 지금 〈도둑〉과 〈통치자〉를 동시에 언급하고 있다. 왜냐하면 이 양자는 모두 양민에게 폭력을 써서 무엇인가를 약탈해 가기 때문이다.
69) 송곳 끝에 겨자씨를 올려놓으면 거기 머물지 않고 밑으로 떨어지는 것같이 집착심이 없음을 말한다.
70) 하늘의 굴레 : 하늘에 사는 신들(demigods) 역시 그들 나름의 구속과 속박이 있다. 신들은 우리 인간보다는 훨씬 차원 높은 존재들이다. 그러나 그들 역시 시간의 지배(변화와 고뇌)를 벗어나지 못한 존재들이다. 창조능력과 덕은 있지만 그러나 아직 혼의 자유(解脫, moksha)를 얻지는 못했다.

역주(譯註)

71) 사리불과 목련 : 부처님의 10대 제자 가운데 그 중추역할을 하던 두 제자. 부처님은 이 두 사람을 일러 이렇게 말했다.「사리불은 내 오른팔이요, 목련은 내 왼팔이다.」사리불(舍利弗, sariputta)은 부처님의 열 제자(十大弟子) 가운데 지혜로 으뜸이었고, 목련(木蓮, moggallana)은 또 초능력(神通, miracle)으로 제일이었다. 동시에 두 사람은 둘도 없는 친구였다.
72) 노름꾼들은 노름판에 걸 돈이 없으면 자기 자신을 걸어 놓고 노름을 하는 경우가 있다고 한다.
73) 베따라니(Vetarani) 강 : 힌두교의 신화에 의하면 이 강은 대지와 지하의 세계(지옥) 사이를 흐르는 강으로서 심한 악취를 풍기고 있다고 한다. 사자(死者)는 이 강을 건너서 염라국(저승)에 이르게 된다.
74) 면도칼의 〈날(dhara)〉이라는 단어에는 〈칼날〉이란 뜻과 〈흐르다〉는 뜻이 동시에 내포되어 있다.
75) 이 시에 묘사된 장면은 지금도 인도에 가면 흔히 볼 수 있는 장면이다. 성난 독수리들이 시체를 뜯어먹느라고 아우성을 지르는 들녘을 필자도 여러 번 지나간 일이 있다.
76) 아수라(Asura, 阿修羅) : 신과 인간의 중간적 존재로서 언제나 신들을 상대로 싸움을 한다는 전쟁의 무리들. 즉 〈악마〉. 우리말의 〈수라장〉은 이 〈아수라장〉에서 유래되었다.
77) 수미산(Mt. Meru, 須彌山) : 인도의 우주신화에 나오는 산. 이 세계의 중앙에 있다는 가상적인 산.
78) 보디사트바(Bodhisattva, 菩薩) : 불교의 이상적인 인간상. 즉 성스러움의 속성(Bodhi, 보디)과 속스러움의 속성(Sattva, 사트바)을 동시에 갖고 있는 자.
79) 숫도다나(Suddhodana, 淨飯王) : 부처님의 아버지.
80) 야크의 꼬리(拂子, Vyajana) : 인도에서 모기나 파리 등을 쫓고 더위를 식히기 위하여 사용되는 일종의 털이개. 보통은 〈拂子〉라 하는데 불교에서는 진리(法)를 상징하는 그 징표로 사용했다. 그런데 원래 이 〈拂子〉는 야크(히말라야 기슭에 사는 소 같은 짐승)의 꼬리 전체에 자루만 붙여서 사용하는 것이 보통이다.
81) 이 세상에서의 잘못된 삶과 거기에 따른 집착을 말한다.
82) 당시 인도의 풍습으로는 수행자는 마을로 가서 밥을 구걸(탁발)하며 살아

가도록 되어 있었다. 그러므로 평상시는 마을 가까운 숲에서 수행을 하다가 밥때가 되면 마을로 내려가서 탁발을 했던 것이다. 스리랑카, 미얀마, 태국과 같은 소승불교권에서는 지금도 이 탁발의 풍습이 그대로 지켜져 내려오고 있다. 그러나 우리나라의 길거리에서 흔히 볼 수 있는 탁발동냥은 밥을 얻는 이 수행으로서의 탁발과는 엄연히 구별돼야 한다. 그리고 이에 따른 부작용, 비현실감 등등은 지금 여기에서 논할 성질의 것이 아니다.

83) 일단 니르바나의 저 언덕에 이른 사람은 또다시 그곳으로 갈 필요가 없다. 그리고 또 한번에 모든 번뇌를 절단한다는 것은 불가능하기 때문에 단번에 저 언덕에 이를 수도 없는 일이다.

84) 칼날에 묻은 꿀을 빨아먹을 때는 혀를 베지 않도록 조심해야 한다. 이와 마찬가지로 사람들에게 음식을 받았을 때는 탐욕이 일지 않도록 조심해야 한다.

85) 우빠디(upadhi) : 生存을 구성하는 요소. 번뇌, 業(karma), 無知(Avidya)로부터 발생하는 제약조건. 다섯 개의 인식기관(시각, 청각, 후각, 미각, 촉각)의 기능도 이 우빠디에 속한다. 「無知에 의해서 영혼은 우빠디와 연결되며 절대성으로부터 被制約性으로 이동한다. 즉 영혼은 개별적인 것, 행위하고 있는 것(kartr), 그들 행위의 결과를 享受하고 있는 것(bhoktr)이 된다.」
－Indische Philosophie, by Otto Hermann Strauss Munchen, Ernst Reingardt, 1925. 日譯本, p. 326.

86) 식별작용(識別作用, vinnana) : 그 영혼이 아직 혼미상태에 있는 사람의 마음의 움직임. 비냐나(vinnana)에 해당하는 산스크리트어의 비즈냐나(vijnana)는 vi(分析)＋jna(知)의 합성어다. 즉 대상을 분석하고 분류하고 인식하는 작용을 말한다. 후에 대승불교에 오면 대상을 분석적으로 인식하는〈비즈냐나〉(vijnana)에 대해서 존재 전체를 직관적으로 파악하는〈쁘라즈냐〉(prajna, 般若)가 강조되고 있다. 즉 쁘라즈냐는 비즈냐나보다 훨씬 높은 차원이다. 또 선(禪)에서는 이 쁘라즈냐를 無分別知라고 해서 분석적인 知(分別知)인 비즈냐나와 구별하고 있다. 그래서 分別知의 차원을 뛰어넘은 無分別知를 얻는 것을 수행의 목표로 삼고 있다.

87) 감각과 대상과 식별작용과의 접촉. 기쁨과 고통은 이에서 비롯된다.

88) 感受作用(Vedana) : 感官을 통하여 外界로부터 받아들인 인상을 통해서 괴

롭다(苦), 즐겁다(樂), 괴롭지도 않고 즐겁지도 않고 그저 그렇다(捨)는 느낌을 느끼는 일종의 지각작용.
89) 망집(妄執, Tanha) : 맹목적인 충동, 애착. 즉 고통과 영혼의 방황은 이에서 비롯된다.
90) 기동(起動, arambha) : 活動. 여기서는 주로 나쁜 방향(罪) 쪽으로 活動하는 것.
91) 서로 대립되는 두 가지 관념. 이를테면 선과 악, 動과 靜 등….
92) 욕망에 사로잡히지도 않고, 또 무지하게 욕망을 없애 버리려고 한 그 결과 〈욕망을 없애려는 생각〉에 사로잡히지도 않고….
93) 전하는 말에 의하면 부처님이 사위성에 있을 때 마간디야라는 브라만이 자기의 딸을 데리고 와서 부처님의 아내로 삼아달라고 간청했을 때 그는 이와 같이(835~847) 말했다고 한다.
94) 삶에 대한 집착과 죽음에 대한 집착이 없는 자.
95) 투시타 하늘(Tusita, 兜率陀, 兜率天) : 불교우주론에 나오는 28개의 하늘(천국) 가운데 하나. 전설에 의하면 부처님은 지금의 네팔 룸비니에서 탄생하기 전에 이곳 투시타(Tusita) 하늘에 머물러 있었다고 한다.
96) 그 당시 수행자들은, 특히 불교 수행자들은 묘지나 화장터 부근을 명상의 최적지로 생각했다. 왜냐하면 그런 장소는 인간의 육체가, 일생 동안 아끼던 것이, 어이없이 썩거나 불에 타서 재가 되는 광경을 분명히 목격할 수 있기 때문이었다. 그럼으로써 생존에 대한 이 집착에서 벗어날 수 있는 계기를 포착할 수 있기 때문이다. 가려진 인간의 진실을 볼 수 있기 때문이다. 그래서인가. 지금도 인도나 네팔에 가면 강가 도처에서 시체를 내다 태우는 광경을 얼마든지 볼 수 있다.
97) 이는 출가수행자가 지켜야 할 일반적인 〈유행법〉(걷는 법, 遊行法)이었다. 아래만을 보면서 걷는 이유는 길 위에 기어가는 벌레들을 밟지 않으려는 것이다. 행여 벌레들을 밟게 되면 죄 없는 한 생명이 내 발밑에 깔려 죽기 때문이다.
"생물들을 보호하기 위해서는 밤이나 낮이나 괴롭더라도 땅위를 잘 살펴보면서 걸어가지 않으면 안 된다." -「마누법전」(제6편 8).
98) 그들(바바리의 제자들)은 부처님이 사위성에 있다는 말을 듣고 남쪽에서 서

쪽 길을 따라 북쪽 사위성에 이르렀다. 그러나 그때 부처님은 그곳을 떠나 다른 도시로 갔기 때문에 그들은 부처님의 뒤를 따라 동남쪽에 위치해 있던 마가다국의 수도 왕사성에 이른 것이다.
99) 32가지 성자다운 특성(三十二相) 가운데 여기서는 겨우 세 개만을 언급하고 있다. 첫째, 제1특징 → 긴 혓바닥(廣長舌相). 둘째, 제2특징 → 두 눈썹 사이(미간)에 난 긴 흰 눈썹(眉間白毫相). 셋째, 제3특징 → 말의 성기처럼 성기가 몸속에 감춰져 있어 밖에서는 보이지 않음(馬陰藏相). 그러므로 이 32상의 내용은 초기부터 구체화된 것이 아니라 시대가 지남에 따라 점차적으로 체계화 되었던 것 같다
더욱 흥미 있는 것은 부처님 자신의 말로 브라만 수행자의 몸에 이러한 신체적 특징이 있다고 한 것이다. 현재의 베다 문헌에는 언급이 없지만 아마도 당시의 일반 민중들 사이에서 뛰어난 브라만 수행자의 신체는 이와 같을 것이라고 생각했던 것 같다.
100) 옷을 벗어 왼쪽 어깨에 메고 오른쪽 어깨를 노출시키는 것은 당시의 정중한 인사법이었다.
101) 인도의 갠지스 강 유역인 벵갈 지방과 오릿사 지방은 홍수가 나면 평원 전체가 물에 잠겨 버린다. 주위의 산이 전혀 보이지 않기 때문에 평원은 마치 바다와 같이 보인다. 시 1092~1095는 이 〈홍수바다〉의 광경을 비유해서 가르침을 말하고 있다.
102) 여기에서 말하고 있는 〈의식작용의 정지〉란 무엇인가. 그것은 다름아닌 저 〈니르바나의 경지〉다. 의식작용의 정지, 즉 생각(의식)의 흐름을 초월하여 저 직관의 세계에 이름으로써 깨달음(니르바나)의 체험은 가능하기 때문이다.
103) 늙은 핑기야와 브라만 선생 바바리가 이런 대화를 나누고 있을 때 부처님은 사위성에 머물고 있었다. 부처님은 핑기야와 바바리의 마음이 무르익었음을 알고 그들에게 황금빛을 방사시켰다. 갑자기 황금빛이 비치자 바바리는 말했다. 「이게 무슨 빛인가.」그때 그 빛 속에서 부처님의 영상이 비치는 것을 보고 핑기야가 말했다. 「고다마 스승이 오셨습니다.」그 순간 바바리는 자리에서 일어나 부처님의 영상 앞에 합장을 했다. 부처님은 바바리에게 그 자신의 모습을 분명히 드러내 보였다. 이 두 사람은 이렇

역주(譯註)

게 하여 스승의 축복을 받았다. 그리고 스승은 이어서 핑기야에게 시
1146을 읊었다(Sacord Books of the East : vol. X. pp. 212~213 footnote 2).

숫타니파타 해설

1. 숫타니파타는 어떤 경전인가

《숫타니파타》는 가장 오래된 불교경전이다. 아니 부처님의 가르침이 하나의 경전으로 체계화되기 그 이전의 거의 원형에 가까운 부처님의 육성(肉聲)이다. 그러므로 이《숫타니파타》에는 난해한 불교 전문용어나 철학적인 딱딱한 개념이 전혀 없다. 그 대신 때로는 지리하기조차 할 정도로 순박한 글귀들이 반복되고 있다. 그러나 이 반복 글귀를 통해서 우리는 저 맑고 청정한 새벽 기운을 느낄 수 있다. 그러므로 《숫타니파타》를 읽을 때는 눈으로만 읽지 말고 가능하면 소리내어 읽어야 한다. 그러면 눈으로 읽는 것보다 몇 배나 더한 감동이 올 것이다.

《숫타니파타》는《담마파다》(Dhammapada, 法句經)와 쌍벽을 이루고 있는 부처님의 시 모음집(詩集)이다. 그리고 연대적으로 본다면《담마파다》보다《숫타니파타》쪽이 훨씬 앞서고 있다. 《숫타니파타》의 편찬년대는 대략 A.D. 3세기경으로 추정하고 있다.

부처님은 그 자신을 결코 어느 특정한 종교의 교주라고 자처하지 않았다. 다만 그는 자신이 깨달은 진리를 다른 사람들에게도 깨닫도록 해주기 위하여 그를 부르는 곳이면 어디든지 찾아갔다.

추위(인도의 겨울밤은 상상외로 춥다)를 가릴 옷 한 벌과 밥그릇(바리때) 한 개만을 든 채 길에서 살다가 길에서 사라져 간 이, 그가 바로 저 영원한 구도자의 상징인 부처님이다. 그는 무우수 나무 밑에서 태어나 보리수 나무 밑에서 깨달음을 얻은 다음 그 깨달은 바를 다른 사람들에게 알려주기 위하여 45년간을 바람처럼 살다가 그의 나이 80세에 사라수 나무 밑에서 조용히 열반(임종)에 들었다. 그런 그의 가르침이, 아니, 길에서 태어나 길에서 살다가 길에서 사라진 이의 말이 뒷사람들에 의해서 하나의 묶음으로 모아졌으니 이것이 바로 부처님의 말씀 모음집인《숫타니파타》인 것이다.

'숫타(sutta)'는 '말의 묶음(經)'을, 그리고 '니파타(Nipata)'는 '모음(集)'이란 뜻으로서 이 두 단어가 합하여 '말의 모음집(Sutta-Nipata, 經集)'이 된 것이다.

부처님이 열반에 든 후 그의 제자들은 그의 말을 좀더 외우기 쉽게 운문시(韻文詩)의 형식으로 간추렸다. 이런 식으로 초기의 불교 경전은 문자의 기록이 없이 구전(口傳)에 의해서 입에서 입으로 전해져 갔다. 그러므로 구전 속에는 부처님의 음성 속에 담겨져 있던 영적(靈的)인 파장도 그대로 전해져 갔던 것이다. 그런데 이 구전에 의한 운문시 형식의 전승이 A.D. 3세기경《숫타니파타》라는 이름으로 한 군데로 모아지게 되었다.《숫타니파타》의 시구(詩句)들 가운데 비슷한 구절이 많고 반복 글귀가 잦은 것은 구전되어 오던 것이 그대로 문자화되었기 때문이다. 구전의 경우 동일한 구절의 일정한 간격을 둔 반복은 중요한 내용의 강조에 아주 효과가 있었던 것이다. 앞서 말했듯이 가능하면 눈으로 읽지 말고 소리내어 읽으라고 한 것은 다름아닌《숫타니파타》가 원래 구전이었기 때문이다.

2. 숫타니파타의 구성

《숫타니파타》는 5장 72묶음 1,149편의 시(詩)로 짜여져 있다. 그러나 각 장을 이루고 있는 72개의 묶음들을 보면 내용의 일관성이 전혀 없고 묻는 상대에 따라, 또는 그때그때의 상황과 사정에 알맞게 즉흥적으로 읊어진 시들이 그 대부분이다. 그래서 다른 여타의 불경들처럼 그 내용에 알맞는 어떤 특정한 제목을 붙이지 않고 그저 막연하게 '말(Sutta)의 모음(Nipata)'이라고 일컫게 된 것이다.

제1. 처음의 장(Uragavagga)

12묶음 220편의 시로 짜여져 있다.
첫째 묶음(1. 뱀이 묵은 허물을 벗어 버리듯) → 17편의 시로 되어 있다.
뱀이 묵은 허물을 벗어 버리듯 수행자는 이 헛된 집착과 욕망에서 벗어나라는 가르침이다.
둘째 묶음(2. 소치는 사람) → 16편의 시로 되어 있다.
소치는 사람 다니야와 부처님의 대화이다.
셋째 묶음(3. 저 광야를 가고 있는 코뿔소의 외뿔처럼) → 41편의 시로 되어 있다.
수행자는 가족적인 집착의 삶과 불필요한 인간관계로부터 멀리 떠나라는 가르침이다.
넷째 묶음(4. 밭가는 사람) → 7편의 시로 되어 있다.
'진정한 농부는 누구인가', 이 문제를 놓고 바라드바쟈와 부처님 사이에 오고간 대화이다.
다섯째 묶음(5. 금속세공인, 춘다) → 7편의 시로 되어 있다.

해설

네 종류의 수행자에 대하여 금속세공인 춘다와 부처님 사이에 오고간 대화이다.

여섯째 묶음(6. 파멸) → 25편의 시로 되어 있다.

파멸에 대하여 신(神)과 부처님 사이에 오고간 대화이다.

일곱째 묶음(7. 비천한 사람) → 27편의 시로 되어 있다.

비천한 사람에 대하여 브라만 바라드바쟈와 부처님 사이에 오고간 대화이다.

여덟째 묶음(8. 자비에 대하여) → 10편의 시로 되어 있다.

자비로운 마음과 좋은 생각을 갖게 되면 축복은 도처에 있다는 가르침이다.

아홉째 묶음(9. 눈덮인 산에 사는 야차) → 28편의 시로 되어 있다.

두 명의 야차(귀신)가 부처님을 찾아가서 가르침을 듣고 제자가 된 이야기이다.

열번째 묶음(10. 알라바까 이야기) → 12편의 시로 되어 있다.

'이 세상에서 가장 값진 재산은 무엇인가/ 어떤 일을 하면 마음이 편안한가/ 맛 중에 가장 좋은 맛은 무엇인가/ 어떻게 사는 것이 최상의 삶인가' 야차 알라바까의 이 네 가지 물음에 대한 부처님의 대답이다.

열한번째 묶음(11. 승리) → 14편의 시로 되어 있다.

이 육체에 대한 지나친 집착에서 벗어나 저 니르바나(진리)를 향해 나아가라는 가르침이다.

열두번째 묶음(12. 성자) → 15편의 시로 되어 있다.

종횡무진으로 얽히는 이 인간관계에서 벗어나 외롭게 진리의 길을 가라는 가르침이다.

숫타니파타

제2. 짧은 장(Kulavagga)

14묶음 183편의 시로 짜여져 있다.
첫째 묶음(1. 보배) → 17편의 시로 되어 있다.
깨달은 이(佛), 그의 가르침(法), 그리고 그 가르침대로 살아가는 이들(僧), 이 셋을 통해서 구제(구원)는 가능하다는 가르침이다.
둘째 묶음(2. 불결한 음식) → 14편의 시로 되어 있다.
인간을 정화시키는 것은 형식적인 계율이 아니라 생각과 행위의 정화에 있다는 가르침이다.
셋째 묶음(3. 진실한 우정에 대하여) → 5편의 시로 되어 있다.
진실한 우정에 대한 가르침이다.
넷째 묶음(4. 더없는 행복) → 12편의 시로 되어 있다.
최상의 행복에 대한 가르침이다.
다섯째 묶음(5. 수킬로마 야차) → 4편의 시로 되어 있다.
탐욕에 대한 가르침이다.
여섯째 묶음(6. 진리에 맞는 삶) → 10편의 시로 되어 있다.
수행자의 삶에 대한 가르침이다.
일곱째 묶음(7. 진정한 수행자) → 32편의 시로 되어 있다.
부(富)와 권력 때문에 진정한 수행자들이 어떻게 타락하게 되었는가에 대한 이야기이다.
여덟째 묶음(8. 나룻배) → 8편의 시로 되어 있다.
진정한 스승에 대한 가르침이다.
아홉째 묶음(9. 최상의 목석) → 7편의 시로 되어 있다.
최고의 목표에 이르려면 어찌해야 되는가에 대한 가르침이다.
열번째 묶음(10. 부지런히 노력하라) → 4편의 시로 되어 있다.
수행자는 게으르거나 무기력해서는 안 된다는 충고이다.

열한번째 묶음(11. 나훌라여, 들거라) → 8편의 시로 되어 있다.
당신의 아들 나훌라에게 주는 부처님의 가르침이다.
열두번째 묶음(12. 수행자 반기사) → 16편의 시로 되어 있다.
'이 육체가 죽으면 그것으로서 모든 게 끝인가. 아니면 다시 또 어떤 것이 남아 있는가' - 이에 대한 가르침이다.
열세번째 묶음(13. 구도자의 길) → 17편의 시로 되어 있다.
구도자의 길에 대한 가르침이다.
열네번째 묶음(14. 제자 담미까의 물음) → 29편의 시로 되어 있다.
구도자의 삶과 이 세상의 삶에 대한 가르침이다.

제3. 큰 장(Mahavagga)

12묶음 362편의 시로 짜여져 있다.
첫째 묶음(1. 집을 버리다) → 20편의 시로 되어 있다.
빔비사라 왕과 부처님의 대화이다.
둘째 묶음(2. 최선을 다하라) → 25편의 시로 되어 있다.
마라(악마)의 유혹을 물리친 부처님의 고행담(苦行譚)이다.
셋째 묶음(3. 말을 잘하는 비결) → 5편의 시로 되어 있다.
말을 지혜롭게 하는 방법에 대한 가르침이다.
넷째 묶음(4. 불을 섬기는 사람, 순다리까) → 33편의 시로 되어 있다.
불을 섬기는 사람 순다리까와 부처님과의 대화이다.
다섯째 묶음(5. 젊은 마가의 물음) → 23편의 시로 되어 있다.
자선사업가인 마가의 물음에 대한 부처님의 대답이다.
여섯째 묶음(6. 방랑하는 구도자, 사비야) → 38편의 시로 되어 있다.
방랑하는 구도자 사비야의 물음에 대한 부처님의 대답이다.

일곱째 묶음(7. 브라만 셀라 이야기) → 26편의 시로 되어 있다.
브라만 셀라와 부처님이 만난 이야기이다.
여덟째 묶음(8. 화살) → 20편의 시로 되어 있다.
인생은 짧고 이 세상은 덧없지만 그러나 진리를 찾아가는 이에게는 축복이 있다는 가르침이다.
아홉째 묶음(9. 젊은이 바세타) → 63편의 시로 되어 있다.
'진정한 브라만이란 누구인가' - 이에 대한 가르침이다.
열번째 묶음(10. 비난하는 사람, 꼬깔리야) → 22편의 시로 되어 있다.
남을 이유없이 비난하는 자의 말로에 대한 가르침이다.
열한번째 묶음(11. 홀로 가는 수행자, 날라까) → 45편의 시.
예언자 아지타의 조카인 날라까에게 주는 부처님의 말이다.
열두번째 묶음(12. 두 가지 고찰) → 42편의 시로 되어 있다.
이 세상의 모든 고통과 고뇌는 우빠디(물질)로부터 비롯된다는 가르침이다.

제4. 시(詩)의 장(Atthakavagga)

16묶음 210편의 시로 짜여져 있다.
첫째 묶음(1. 욕망) → 6편의 시로 되어 있다.
너무 감각적인 기쁨에만 매달리지 말라는 가르침이다.
둘째 묶음(2. 동굴) → 8편의 시로 되어 있다.
육체에 대한 지나친 집착을 버리라는 가르침이다.
셋째 묶음(3. 악의) → 8편의 시로 되어 있다.
구도자는 칭찬과 비난에 무관심하라는 가르침이다.
넷째 묶음(4. 청정) → 8편의 시로 되어 있다.
어떠한 주의 주장이나 관념에도 붙잡히지 말라는 가르침이다.

해설

다섯째 묶음(5. 최상) → 5편의 시로 되어 있다.

수행자는 절대로 말싸움(논쟁)에 끼어들지 말라는 가르침이다.

여섯째 묶음(6. 늙음) → 10편의 시로 되어 있다.

수행자는 자기 자신을 통해서 스스로를 정화시키며 집 없이 살아가야 된다는 가르침이다.

일곱째 묶음(7. 구도자 티사메티야) → 10편의 시로 되어 있다.

독신 수행자는 방사(房事)를 멀리하라는 가르침이다.

여덟째 묶음(8. 파수라) → 11편의 시로 되어 있다.

그 어떤 말싸움(논쟁)을 통해서도 우리는 우리 자신을 정화시킬 수 없다. 그러므로 말싸움에서 떠나 묵묵히 니르바나(진리)의 길을 가야 한다는 가르침이다.

아홉째 묶음(9. 마간디야) → 13편의 시로 되어 있다.

마간디야와 부처님의 대화. 마간디야는 그의 딸을 부처님의 아내로 삼아달라고 데리고 왔다. 그러나 부처님은 이 청을 받아들이지 않았다. 그 대신 이것이 계기가 되어 두 사람 사이에 진지한 대화가 오고갔다.

열번째 묶음(10. 죽음이 오기 전에) → 14편의 시로 되어 있다.

현자(깨달은 이)란 누구인가. 이에 대한 가르침이다.

열한번째 묶음(11. 투쟁) → 16편의 시로 되어 있다.

투쟁과 말싸움의 발단에 대한 가르침이다.

열두번째 묶음(12. 문답, 그 첫째) → 17편의 시로 되어 있다.

말싸움을 일삼고 있는 철학자들에 관한 언급이다.

열세번째 묶음(13. 문답, 그 둘째) → 20편의 시로 되어 있다.

논쟁과 철학을 통해서는 결코 깨달음에 이를 수 없다는 가르침이다.

열네번째 묶음(14. 빠름) → 20편의 시로 되어 있다.

수행자가 해야 할 것과 삼가야 할 것에 대한 가르침이다.

열다섯번째 묶음(15. 무기에 대하여) → 20편의 시로 되어 있다. 깨달은 이에 대한 언급이다.

열여섯번째 묶음(16. 사리불) → 21편의 시로 되어 있다. 제자 사리불의 물음에 대한 부처님의 대답이다.

제5. 피안(彼岸)의 장(Parayanavagga)

18묶음 174편의 시로 짜여져 있다.

첫째 묶음(1. 서시) → 56편의 시로 되어 있다.

브라만 바바리가 그의 제자 16명을 부처님에게 보내어 〈머리가 일곱 조각으로 부서지는 것〉에 대하여 묻게 했다는 이야기이다.

둘째 묶음(2. 구도자 아지타의 물음) → 8편의 시로 되어 있다. 아지타의 물음에 대한 부처님의 대답이다.

셋째 묶음(3. 구도자 티사메티야의 물음) → 3편의 시로 되어 있다. 티사메티야의 물음에 대한 부처님의 대답이다.

넷째 묶음(4. 구도자 푼나까의 물음) → 6편의 시로 되어 있다. 푼나까의 물음에 대한 부처님의 대답이다.

다섯째 묶음(5. 구도자 메타구의 물음) → 12편의 시로 되어 있다. 메타구의 물음에 대한 부처님의 대답이다.

여섯째 묶음(6. 구도자 도따까의 물음) → 8편의 시로 되어 있다. 도따까의 물음에 대한 부처님의 대답이다.

일곱째 묶음(7. 구도자 우파시바의 물음) → 8편의 시로 되어 있다. 우파시바의 물음에 대한 부처님의 대답이다.

여덟째 묶음(8. 구도자 난다의 물음) → 7편의 시로 되어 있다. 난다의 물음에 대한 부처님의 대답이다.

아홉째 묶음(9. 구도자 헤마까의 물음) → 4편의 시로 되어 있다. 헤마까의 물음에 대한 부처님의 대답이다.

열번째 묶음(10. 구도자 토데야의 물음) → 4편의 시로 되어 있다. 토데야의 물음에 대한 부처님의 대답이다.

열한번째 묶음(11. 구도자 깝빠의 물음) → 4편의 시로 되어 있다. 깝빠의 물음에 대한 부처님의 대답이다.

열두번째 묶음(12. 구도자 가투깐니의 물음) → 5편의 시. 가투깐니의 물음에 대한 부처님의 대답이다.

열세번째 묶음(13. 구도자 바드라부다의 물음) → 4편의 시. 바드라부다의 물음에 대한 부처님의 대답이다.

열네번째 묶음(14. 구도자 우다야의 물음) → 7편의 시로 되어 있다. 우다야의 물음에 대한 부처님의 대답이다.

열다섯번째 묶음(15. 구도자 포살라의 물음) → 4편의 시. 포살라의 물음에 대한 부처님의 대답이다.

열여섯번째 묶음(16. 구도자 모가라쟈의 물음) → 4편의 시. 모가라쟈의 물음에 대한 부처님의 대답이다.

열일곱번째 묶음(17. 구도자 핑기야의 물음) → 4편의 시. 늙은 핑기야의 물음에 대한 부처님의 대답이다.

열여덟번째 묶음(18. 열여섯 명의 물음에 대한 총정리) → 27편의 시로 되어 있다.

열여섯 명의 물음에 대한 경전 기록자의 언급과 선생 바바리와 핑기야의 대화이다.

3. 텍스트와 번역

《숫타니파타》는 그 전체가 한역(漢譯)된 적은 없고 다만 〈제4. 시의 장(Atthakavagga)〉만이 오(吳)나라 초기(A.D. 223~253 사이) 지겸(支謙)에 의해서 《불설의족경(佛說義足經)》이란 이름으로 한역되었을 뿐이다.

최초의 영역(英譯)은 1874년 무투 꾸마라 스와미(Sir Muttu Coomara Swamy)에 의해서였다. 그러나 이는 전역(全譯)이 아니라 72묶음(72 Sutta) 가운데 30묶음(30 Sutta)만을 뽑아서 번역한 부분역(部分譯)이다. 그뒤 1880년 파우스 뵐(V. Fausböll)에 의해서 최초로 그 전역(全譯)이 산문체의 영역(英譯)으로 시도되었다. 그리고 그후 1932년 로버트 찰머스(Robert Chalmers)와 1945년 하레(E. M. Hare)에 의해서 시문체(詩文體)의 번역이 시도되었다. 이밖에도 다수의 영역본과 독역본(獨譯本)이 있다. 그리고 일찍이 일본의 학자들에 의해서 번역된 일역본(日譯本)도 다수가 있다. 최초의 일역본은 1917년 다치하나 쥰도우(立花俊道)에 의해 출간되었으며 1939년 미즈노 고갱(水野弘元)에 의해서 본격적인 일역이 시도되었다. 그리고 1958년 나카무라 하지메(中村元) 박사에 의해서 야심에 찬 일역이 시도되었다. 그후 25년이 지난 1983년 나카무라 박사는 다시 광범위한 주석을 덧붙이고 본문의 번역을 대폭 손질하여 개정 증보판을 출간했다. 이밖에도 몇 개의 일역본(日譯本)이 더 있다.

우리나라에는 운학 역(雲學 譯, 1980, 汎友社)과 법정 역(法項 譯, 1974, 正音文庫)이 있는데 모두 나카무라(中村元) 박사의 일역본을 근거로 한 것이다.

이 번역서들 가운데 세계적으로 가장 널리 통용되고 있는 것은 T.S.본(The Sutta-nipata. Edited by V. Fausböll. xx, 209. London, for Pali Text Society by Oxford University Press, 1881)이다.

그리고 기존의 우리나라에 소개된 운학 역(雲學 譯)과 법정 역(法項 譯)은 좋은 번역이다. 부처님의 진정한 목소리를 알리는 데 있어서 이 두 선배의 번역본은 많은 공헌을 했다. 그러나 굳이 이 두 선배의 번역본과 여기 필자의 번역본과의 차이점을 들자면 다음의 두 가지가 된다.

첫째, 두 선배는 나카무라 박사의 일역본을 대본으로 삼았다. 그러나 필자는 P.T.S.본을 대본으로 삼고 나카무라 박사의 개정 증보판을 참고했다.

둘째, 기존의 번역본들은 그 의미 전달을 정확히 하기 위하여 대부분 산문체로 번역했다. 그러나 필자는 시적(詩的)인 영감을 최대한 살리기 위하여 시문체(詩文體)의 번역을 시도했다. 왜냐면 《숫타니파타》의 원전이 원래 산문이 아닌 시문체이기 때문이다.

그러므로 필자는 우리말이 가지고 있는 소리의 울림과 언어의 빛깔을 최대한 살려내려고 했다. 그래서 지나친 직역은 지양하고 그 의미가 크게 변색되지 않는 범위 안에서 되도록이면 쉽고 간결하게 옮겨오려고 노력했다. 그러나 필자의 이 번역도 결코 완벽하다고는 볼 수 없다. 왜냐면 필자의 능력에도 역시 한계가 있기 때문이다. 부족하고 잘못된 곳은 뒷날 공부가 더 익는 대로 바로잡을 것이다. 그리고 이 미완성은 또한 뒤에 오는 후배들의 몫이기도 하다. 왜냐하면 언어란 물질도 아니고 정신도 아니지만 그러나 그 시대와 상황에 따라 끊임없이 변해가고 있기 때문이다.

1993년 1월 24일 밤
백련거실(白練去室)에서
석지현

역자소개 : 석지현 (釋智賢)

1969년 중앙일보 신춘문예 시당선.
1973년 동국대학교 불교과 졸업.
1977년 이후 수차례 인도, 네팔 등 불교유적지를 답사.
1984년 미국 캘리포니아 Golden State 대학교에서
철학박사학위를 받음.

저·역서 :《禪으로 가는 길》《禪詩》
《密敎》《세속에서 깨닫는 길》
《마하무드라의 노래》《반야심경》
《산다는 것과 믿는다는 것》,《불교를 찾아서》외.

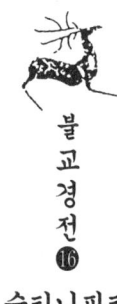

숫타니파타

1993년 11월 30일 초판 1쇄 발행
2019년 1월 20일 초판 11쇄 발행

ⓒ역 자 - 석 지 현
발행인 - 윤 재 승
발행처 - 민 족 사

등록 제1-149호, 1980. 5. 9.
서울 종로구 삼봉로 81 두산위브파빌리온 1131호
전화 (02) 732-2403~4, 팩스 (02) 739-7565
E-mail / minjoksabook@naver.com
홈페이지 / www.minjoksa.org

값 12,000원

ISBN 978-89-7009-165-5 04220

• 경전은 부처님의 말씀입니다.
• 경전을 소중히 합시다.